活著像個孩子就好

Live like a child

作者：簡立玲　Lily Chien

活著像個孩子就好

目錄

主題篇名：

【序 一】

活著像個孩子是她外在也是心靈的寫照

《活著像個孩子就好》，這個書名很有第一視覺沖擊力的味道。在媒體業中，我知道立玲是正聲廣播公司的資深主持人，屬電台「當家正旦」之一，是富才富藝又有經營頭腦的出名傳媒人。想像中，她應慣有主持人的矜持和自負，但她第一次來四川訪問我，就一掃這個傳統印象，之後成了忘年之友。記憶中，她確實天真活潑像個孩子，樂思好問，總帶著探詢的眼光，又像個求學的學生，待人接物和善友好，始終微笑，又是個向善向上、涉世未深的初成年人，隨緣，自在為美，又是保有童心的女君子。一句話歸總，活著像個孩子，就是她外在也是心靈的寫照。

在我朋友圈裡多是此類型的人，她也認識的，如青城太極掌門、四川省武術文化研究會會長劉綏濱，就是個行雲流水看淡塵世的天真人物；立心書院院長陳岳，是孩童喜歡的電視台主持人，有深厚的國學素養，他編著國學讀本深受學生喜愛，被孩童暱稱為陳岳叔叔，更是四川著名媒體人，卻是看淡喧囂紅塵，保有內心純正的大孩童。「嚶其鳴矣，求其友聲」，同聲相應，同氣相求，我想立玲這樣的人，其朋友圈、師友、所感恩的人，也多是這樣保有童心的雅士潔人，所以我樂於對這本書做一點新的文化解讀。

「活著像個孩子就好」，是童心，就是禪宗八祖四川什邡人馬祖道一講的「平常心是道」。有童心不難，但要一輩子保有童心就難了。

中華傳統文化儒、釋、道都講究這個「心」字，且是最初的那個心，「初心」這詞初見於《楞嚴經》，指初發心，未被污染的深行者。佛家為了讓人保有初心，就依據佛的本身故事創造了「初生菩薩」，以堅固人們的信仰，儒家韓愈、柳宗元、蘇軾都用過這一個詞；道家經典裡，「初心」就是指元嬰之心，在四川富順孔廟屋脊上至今還遺存有個裸孩形象，它代表著儒的本心、道的元嬰、禪的初心三結合的形象，是中華傳統文化重視「初心」的信仰象徵。

人一輩子能保有孩子的心，就是最高的心靈享受，既利益眾生又愉悅自身，自然成為我們中華民族的價值觀、價值取向和價值目標，不僅在中華經典的釋解上，更浸潤在我們的生活裡、境遇裡、心田裡，就是本書《活著像個孩子就好》要昭示給人的真實奧義。

人生當然有各種各樣的活法，可以選擇「人生如孩」、亦可「人生如夢」，但最基本的要求是「己欲達而達人」和「己所不欲，勿施於人」，能夠顧及所有共同體的和諧，共生的活法。「萬世忠恕之道我獨悟」是行為準則，更高層次則是悟到並講究人生的生活美學。

一、是活出隨緣自在，向善向上。如立玲說的，單純、天真、樂觀、正向的正能量。

二、是活出感恩心態。易卦有六爻，上兩爻為天，下兩爻為地，中兩爻為人，天地之間人為性，人受惠也受制於天地，天地陰陽隨時變遷，人就應該隨時俯仰。地勢守坤，人當法地厚德載物。人處中兩爻，受制於上下兩爻，故要有感恩敬畏天地自然之心，方能獲得自然萬物之賜，方便地利，用自然萬物為我所用。

三、是活出好奇心與多樣性。好奇心帶來求知的渴望，帶來探索奧秘的創新創造，立玲的生活就充滿好奇與多樣的體驗。

四、是活出理想，除了不斷學習充實自我，也要有一份服務人群的理念。

本書全是立玲所見、所聞、所感，特向讀者推薦，我相信本書一定深受讀者喜愛！

——譚繼和（四川省歷史學會會長）

【序 二】

每個人都是宇宙生命的孩子

認識立玲許多年，她不僅是資深的廣播專業人才，更是一位自律嚴謹又熱心公益的良友。立玲歷經過人生的高低潮，難能可貴的是她在功成時懂得謙卑，處在逆境時不怨天尤人，並願意從中領悟、蛻變與重生，活得像個孩子。

近年，她以身作則，參與熟齡海外遊學團，用實際的行動鼓舞身邊的親友，跨越中老年的界線，拓展新知領域，豐富精神內涵，真是我們的好榜樣。

此刻，欣見她將增長中的心智官能，為社會提供更好的服務，願意出書分享寶貴的所見所思。文章裡的字字句句皆源於她切身的感觸及體認，透過詼諧又感性的筆調，讀來深有所獲，著實感佩，亦與有榮焉。

一直以來，我喜歡跟孩子們保持互動與對話，孩子們的提問與反應，時常讓人啼笑皆非，卻又發人深省。孩子們的活力提醒我們，學習重新認識自己，重新感受這個世界，因為每天都是新的一天，每一次的呼吸都是一個新的開始。我樂於向孩子們學習，孩子們與我是彼此的好朋友，正如立玲與我，我們是共同探索心靈奧秘的頑童。

每個生命體都是獨立存在的個體，不屬於任何人，也從未擁有誰，謹願我們相互鼓勵，相互陪伴，相互珍惜，朝向永恆的生命道路，永無止盡的成長。

感謝立玲，祝福立玲，祝福所有閱讀這本書的有緣人。

——夏本清（心靈導師）

【序 三】

秉持初心 散播正向能量 處處繁花盛開

相信很多人會認識簡台長（立玲），都是因她在廣播節目裡展現活力與熱情的聲音魅力所吸引，筆者當然也是其中之一。只不過，筆者更有幸與她結識成好友，一路相知相惜至今。欣聞她的新著作《活著像個孩子就好》即將付梓，除了祝賀她新書熱銷，更高興更多讀者與聽友，可以感染到她對生活、對工作以及對人生樂觀且正向的能量。

人之相識，貴在相知；人之相知，貴在知心。筆者與簡台長結識多年，她個性開朗，臉上時時帶著微笑，跟她在一起，總讓人感到如沐春風；加上她個性對任何人事物充滿了好奇心與活力，經常就像個「問題兒童」愛發問，每每令人忍不住要傾囊相授，讓她人際關係非常好，所到之處莫洋溢著歡笑聲，除此之

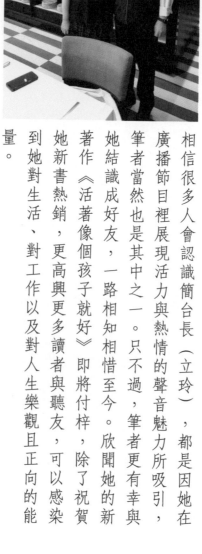

外，簡台長做事專業、有原則，且擇善固執，並且好學不倦，這也讓她的能力多次受到長官的賞識與肯定，一路從節目製作主持、導播、組長、督導、行銷副理，再到榮升正聲廣播公司宜蘭台台長而後退休。

在這說長不短的職涯中，簡台長卻始終抱持不忘初衷、謙卑歸零，一方面感恩生命中貴人相助，並將這份感恩的心，用於傳承與提攜後輩；另一方面，則藉由與聽友的空中相會，給予陪伴、支持以及鼓勵，而讓聽友滿天下並結交成好友。

在本書中，簡台長以淺顯的文字，描繪她看似平凡卻又有趣的成長與蛻變；從每個獨特的故事中，分享她面對生活中突如其來的磨難與挫折時，如何依然保有單純、真誠、不虛假的赤子之心。從字裡行間不難看出，過往歲月裡的歡笑、淚水、快樂、悲傷的心路歷程都是成就她豐富人生的養分，令筆者由衷地佩服。

誠如書名《活著像個孩子就好》，雖箇中的滋味因人而異，值得讀者深思自量與體會，相信一定能對大家的人生與工作有所助益。同時，也祝願簡台長能持續散播正向的能量，讓人生的下半場處處繁花盛開，永保喜樂。

——張寶誠（中國生產力中心總經理）

【序 四】

不失赤子之心

認識立玲是十年前的事了，十年的時間不算長，但也不能說短。初見面，她給人的印象是這麼的親切，就像認識幾十年的老朋友一樣，她可以把她小時候印象深刻的故事，毫不隱諱地說給你聽，其中還有影響她人生的往事，歡欣的、不堪的，都沒有什麼顧忌。這期間我們雖不常見面，但都會彼此關心，一直到她從職場上退休，還是保有她純真的情懷。這就是她的人生—活著像個孩子就好。

我在二〇〇九年出版一本書《當下最美好》，她看見了這本書之後，約我上她的節目訪談，她一直在正聲廣播電台擔任主持人，她的訪談親切、深入淺出，可以把你書中的核心議題慢慢引導出來，風格不同於一般談話性或是政論性節目的主持人，她溫和、循循善誘的訪談方式，可以很快讓聽眾與訪談者在空中交會。訪談之後，她會親切地介紹辦公室的同仁給你認識，招呼你上上下下，那是我第一次見面留下的印象。

之後，我出了幾本書，她都會邀請我上她的節目，都是有關於禪學方面的書，像是《六祖壇經》和《般若波羅蜜多心經》，有一點點深奧，不好談，像是禪修的技巧和覺性的提升，或許因為她自己也有實修的體會，問起話來，輕鬆自然，相信聽眾能很快的接受而且感到受用。其實，她在職場這麼久，訪談過無數的奇人軼事，包括藝人、文學家、藝術家、武術家……，也跟著這些奇人學習了一些諸如氣功、光能、禪修的課程，因此，她的職場經驗，讓她的人生累積了一座寶庫。

二〇一七年她帶領了「熟齡遊學團」到英國去遊學一個月，這對於她的人生是一次很大的驚喜，回國後，她迫不急待的和朋友分享著途中的趣事，當然也包括滿滿的收穫。這就是她的人生寫照，即使帶著一些熟齡的人，闖進自己完全陌生的國度，依舊興奮得像個孩子。

孟子說過：「大人者，不失赤子之心。」一個成熟、有智慧的人，不會失去他善良、純潔、真誠的心地。這是立玲的自我寫照，也是對讀者的期許。

——陳琴富（中國時報執行副總主筆）

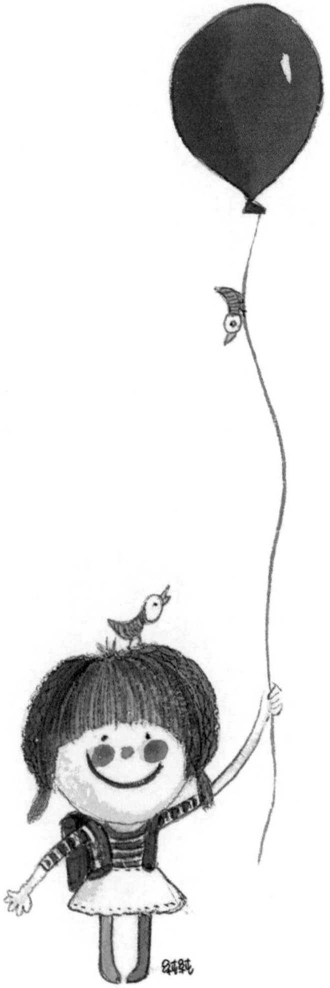

【序五】

讓自己走入情境、親自體驗、實現夢想

二〇一七年二月起，台灣六十五歲以上老年人口超過〇至十四歲幼年人口。少子化、高齡化已成為世界各國共同面臨的挑戰。「活到老學到老」、永保赤子之心、愉快學習是青春永駐的秘訣。

個人從事移民、留學、旅行社的業務已超過三十年，以忠實做好出國的橋樑為使命，以提供海外情境學習為己任，每年都要參與世界各國的教育展，是全台最早引進英國「青少年暑期英語夏令營」的業者之一。透過短短二至四週的暑期英語夏令營安排，與來自非英語系歐洲各國同齡的學生一起上課、活動，住寄宿家庭與不同國籍但又有相同的目的學英語的學生朝夕相處，從此搭起友誼的橋樑，也建立開口說英語的信心。

每年外送的學生高達三百至五百位，個人在參與教育展之餘，都會受邀參訪學校，發現歐洲學校都設有熟齡（50+）的課程。二〇一二年初，個人受邀擔任「台灣喜大人協會」的創會會長，與會期間認識了作者，她給我的第一印象是親切又熱情，雖然她是來自宜蘭鄉下，但認真打拼、努力學習的精神讓人敬佩。由於作者長期擔任電台節目主持人，已培養一大群熟齡的粉絲。個人也在她的盛情邀約之下，接受多次電台訪問，暢談個人三十多年的留學、移民的經驗。

歐洲學校，早在二十年前就有「50+」遊學的課程，與來自非英語系歐洲國家同齡的學生聚在一起，共同目的就是輕鬆地邊玩邊學英語！上午上課、下午活動、晚上住寄宿家庭、週末參訪名勝古蹟，讓您自然地融入生活、體驗當地文化、結交國際友人。經由作者在節目中直接號召並親自帶團體驗，台灣的「熟齡遊學首發團」終於在二〇一七年九月浩浩蕩蕩的出發了。從回國後多次的分享，可得知她的收穫都是滿滿的，同時也曾發展出異國戀情的機會。

三年過後，突然接到作者來電說，她的書稿已完成，並要我為《活著像個孩子就好》寫推薦序：當初她說寫書，還以為是在開玩笑，如今實現夢想，可喜可賀。

作者各個主題篇的鋪陳、從成長與蛻變到養身、熟齡遊學趣觀點、隨想、愛情世界…光熟齡遊學的篇幅就占一萬多字，我雖然還沒讀完全文，卻可窺知，熟齡遊學對她的影響有多大！但要參與出國遊學，一定要有健康的身體，在異國快樂學習的氛圍下，就會自然而然產生戀愛的感覺，真是太奇妙了！早年出國不是那麼方便，留學更是奢望，牛津、劍橋距離我們好遠，如今台灣護照已有一百六十八個國家免簽證了，只要訂好學校，買好機票就可出國遊學趣。現在退休了、子女長大了、沒有經濟負擔、身體健康、時間又允許，何不讓自己走入情境，親自體驗！來趟牛津、劍橋的遊學之旅，結交國際友人以實現自己的夢想，以免在人生旅途留下憾事！

——林宗源（惠安集團執行長）

【序六】

傳播生命的正能量

真好！立玲的書出版了，這本《活著像個孩子就好》，這是廣播人簡立玲用最真摯的情感，書寫自己生命的歷程，讀這本書，我們還可以與簡立玲一起品味自己生命中的酸甜苦辣，因為書中也為同時代的我們，記錄了許多似曾相識的情感。

我認識的簡立玲，不只頑皮，而且膽大包天，可以帶著一團爺爺奶奶輩的「大」學生出國遊學，由於立玲心思細膩，所以很多複雜麻煩的事，到她手中後，就變得單純而容易，但也不會因此覺得枯燥或無趣，一如立玲的行事風格，充滿了創意與活力。

我倆在失聯多年後，重新聯絡上，我問立玲，這些年除了忙工作，還做些什麼事？只見立玲從包包拿出一本筆記本給我看，那是一本樸實簡約的筆記本，我翻閱著，內容很吸引我，例如：書寫對事物的看法，或是記錄職場中的人與事等，我沒法一下子看完，但從立玲娟秀的字跡中，感受到一股強大的生命力。我建議立玲可以集結成書，這樣可以讓平日透過麥克風互動的聽友，又多一個文字交流的管道，也可以將節目中的精華，以及立玲自己的人生觀與價值觀等，經由文字的傳播，分享給更多的有緣人，我覺得這種正能量的傳播，可以助人。《活著像個孩子就好》，全書傳播生命的正能量，閱讀後讓人神采煥發，這是一本值得大家閱讀與用心品味的一本書

——夏　林（資深廣播節目主持人）

【序七】

慢慢享用也要和別人分享

承蒙立玲女士疼惜，執文筆寫推薦序，想到其貴於純情與執意，文句優美，用心良苦，心情內涵的傾向，服務社群的熱心，人際情感建立，相互關心和祝福，一分關心千縷情懷，學養生常識分享，說話用字遣句精湛，經過細心雕琢，內心真實樸拙的表白，其內心世界的情境之需，無關個人之外的是是非非，至少都能把誠心，表現得淋漓盡致，從此暢展無遺。

時間不只是對過去的遺忘，也是心思沉澱後的力量，流水流去過往的一切，也對未來的文學有很重要的成就一番，形式上的流向，作了肯定性的方向，凡能人性化有餘，人格性或許不足之下，這就足堪嘉許了，也就因此更具備了文學上價值的流傳，這種難能可貴的現世代產物，不容以輕易忽視或批評，時代的巨輪是不停歇地向前推進。

有道是新知新事新景象，都是在歷任現在。序中倘若有不敬之處，請先進賢達文豪們，多包容指教與補充，共存的玫瑰花香的含苞裡，其芬芳的芬多精將給文人，作肯定性的酷激勵。想做一個豁達開朗的人，就要純正真實一點，寬容隨和一點，明智開通一點，瀟灑從容一點，名利淡泊一點，為人處事豁達開朗一點，就會永遠保持平靜安逸的心態，充分地享受生命，享受時光，享受歡樂，只要堅持活到老，學到老，改造到老，不氣不愁吃穿，活到白頭，常常想起家過著恬然的生活，青春心情工作勝任愉快，心思放牧，持續向前推進。

立玲女士媲美大器晚成，卻是成就非凡，湖美不在大，有名則靈，人生不應只注重虛偽的外表，而是要探索真實的內涵，現在就珍藏著慢慢享用也要和別人分享立玲女士的故事，若得牢記並加應用，展現美言一句三春暖。

——陳浪評（兒童文學家、散文作家）

【序八】

散播歡樂與愛的快樂天使

一雙大大含笑的眼睛，瀏海齊眉的短髮，寬鬆有型、品味不俗的穿著，熱誠大方，總是笑臉迎人，這是我對立玲的第一印象。

有著如孩子般純真的她，每次到正聲廣播公司錄音，總會趁著空檔來探班。她談笑自若，妙語橫生，霎時間讓錄音室充滿了歡樂。她就像快樂天使，總是處處散播歡樂、散播愛！

她也是一位樂善好施、樂於助人的好朋友。雖然我在演藝圈多年，但對某些領域的人際關係還是有些生疏，當年，因籌措為自己製作一張專輯而苦尋製作人之際，她替我想到一位非常適合的人選，也就是「音樂頑童」陳揚老師。原來陳老師與她是心靈課程的同學，由於磁場的契合，讓我有與陳揚老師合作的機會，而成就了《百合盛開》這張特別的跨界專輯。衷心感謝她的熱忱推薦與協助。立玲在正聲廣播公司主持「歡樂長青園」節目好長一段時間，平易近人的風格與互動方式深得聽眾喜愛；溫馨得彷若一家人。她帶著熟齡聽眾四處旅遊或遊學，增廣見聞，足跡遍及世界各地；而能讓這一群忠誠的聽眾始終如一的追隨著她，無非就是她的好人緣、對人的真心、真誠，才能有這樣的吸引力，這樣的魅力，幾人能有？

立玲生長在農村，從小家庭並不富裕，卻樂天知命，積極進取，憑自己的能力及辛勤耕耘，一步一腳印，在生命中闖出一片天。我想，最大的原因是她充滿正能量，凡事往正向思考，即說即行的動力，更是她成功的特質。

我相信行動造就習慣，習慣造就性格，性格造就命運。她的命運就在於她樂於助人、純真、誠實的性格中，悄然於生命中引來貴人，幫她在人生道路上排除萬難，無論遭遇任何考驗，都能通暢無阻，成就她一生的好運。

二〇一九年底才聽說寫書，今已將出版。值此出版之際，略述我對她印象之點滴，是以為序。

——周月綺（歌手小百合）

【自序】

感謝生命中的貴人

我喜歡書寫，有時發表在臉書，有時與友人分享，一直被鼓勵著，早日整理成書。尤其是好友夏林，從不鬆口，一見面就催，她說，我寫的文字能助人。一向胸無大志的我被說動了，職場退休後更沒藉口說忙。於是找了好友為我做文美編，書名是筆美和Lulu發揮創造力定調的，她們是我靈修班及熟齡遊學團同學，封面特別情商藝術家邱秉恒老師題字，出書經費由做事大器、熱心公益的惠安集團林宗源執行長贊助。我的人生很平凡也很有趣，出生在宜蘭五結農村，父母親沒受教育，我讀書、求學、找工作完全自理，一路走來，完全是依靠老師、貴人、友人扶持協助關照，活至今日，六十多歲的人生算很安順。我天生個性孩子氣，也愛笑、愛問，經歷生活各種淬練，本質未變，單純、誠實、不虛假，一直是我的生活準則。這可能也是上天的恩賜，讓我一直活著像個孩子，充滿好奇心及活力，遇見明師後，被訓練成為充滿正向力、專注力、創造力、思考力的人，生活充滿安樂、多采趣味與幸運，就算離婚，獨自撫養女兒的單親，也總是輕鬆過日子。女兒沒給媽媽添麻煩，也沒有遇到大挫折和苦惱，因為睡一覺就忘了。

感謝我生命中的貴人、我家族中的親人、聽友們很多都變成好友，有你們的陪伴、支持、協助和鼓勵，讓我更有力量，現在女兒負起奉養責任，我的生命因此更為美好。當然，也有自己努力的結果。我們共同造就了這本書，期望它的的問世，能達到助人的啟示作用！

——立玲

一、成長與蛻變

所有給出的善，會如迴旋鏢一樣，回到自己身上。
結善緣才不會受苦，生命的輪迴正是如此。

結善緣爲何重要？

感恩上天，在我生命學習課題中，都是讓我親身經驗過。我講一個故事。

宜蘭是個多雨的地方。在我讀蘭陽女中高三時，準備要考大學，從五結家裡出門，再搭火車到宜蘭火車站，再走到學校，走路大約三十分鐘。放學後，我留在學校讀書，然後再走路到火車站搭火車，回家往往天就黑了。

家裡的王，任長官責罵

為了減少走路時間，我把腳踏車寄放在宜蘭車站旁，爸爸辦公室的車棚；這是我請求爸爸的，他也沒說不可以。於是，我把二姐留下來的腳踏車，從家裡騎到宜蘭站，每天快樂的上學。

有一天早晨，出門上課，我去車棚牽車。那天遇到了一位嘴角有顆痣、微胖的叔叔，他厲聲問我：「誰家的小孩？怎麼可以在此放車？」我一時驚嚇啞口，不知所措。此時，父親聞聲快速趕到，低聲下氣，聽著他數落，並給我使臉色。我心想，爸爸在家是個王，他沒上桌，沒人敢先吃飯，眼睛一瞪，沒人敢夾菜，現在卻像老鼠遇見貓，頭低低的任長官責罵。當下我脹紅臉，很沮喪，心想，家窮把腳踏車停放在也有其他學生停的地方，只因爸爸職位低，就被羞辱，而在家如王的父親像個小孬孬，一吭也不敢吭聲，任長官數落。那一幕深深打擊著我的自尊心，但為能繼續停放腳踏車，我們依舊小心翼翼，直到我畢業。

深深領會到結善緣的重要

沒想到幾年後，我進了鐵路局工務處處長室工作，是爸爸單位的直屬上級，那位主任對爸爸的態度大轉變，但是在我心裡永遠有個被歧視的印象，每當他到處裡開會，我總讓他在辦公室外等個三十分鐘，他的差旅費總比別人慢到、慢領，常無意間在長官面前講他缺點。他就在原職直到退休。

或許他早忘了不讓我停腳踏車這件事，但卻讓我深深領會到結善緣的重要。你結了一次惡因，永遠不知何時結惡果，當果現前，知道時已後悔莫及，或已造成多少遺憾。

結善緣才不會受苦

從此我對待身邊的人，尤其孩子們，只有照顧、關懷與愛，因為我知道，小心靈被傷害是難以抹滅的，所有給出的善，會如回旋鏢一樣，回到自己身上，過去我善待的孩子們長大了，現在我享受孩子們的回饋。

所以我感謝那位主任，教會我結善緣才不會受苦的道理，生命的輪迴正是如此。

領略懺悔的療癒力

二〇〇五年四月，一向健康的我得了一場病痛。一次睡覺醒來，突然無法翻身，起床、走路都感覺全身疼痛，任何一個動作都痛苦難當，連就醫搭計程車都費盡力氣，花了很大功夫才到醫院。經過一關關檢查，醫生說是骨刺壓迫神經，先吃止痛劑、鬆弛劑，再復健，若成效不佳，可能要開刀。一聽開刀，馬上心生畏懼，於是認真且耐心復健。

嘗試各種方法，只要緩解就滿足，但無改善。主張不吃西藥的我，因為太痛，只能配合醫師，入睡前服用止痛劑，藥效四小時，過了半夜就痛醒，此時突然想到平時到夏老師那兒上靜坐課，有老師上課的錄音，於是就掛上耳機，聽老師的錄音帶，在迷糊中睡去，痛醒，再聽一遍，如此就擺脫睡覺需吃止痛藥的噩夢了。

應用紅寶石光的運作方式

同時，我也應用「光的課程」中，紅寶石光的運作方式，想像自己關在一個全是紅寶石的光中的密閉盒子裡，讓紅寶石之光來療癒我的身體，減輕疼痛，為何會使用紅寶石之光呢？在「光的課程」中說：它是醫生的左手，是治癒之光，當自己被放置光中，一切就交由光能處理。獨處時我只能如此自助，有任何要移動身軀時，再小心翼翼。

當時女兒可以幫忙洗澡穿衣，早上女兒先幫我洗臉，穿好衣服後去上課，起床總是痛到掉淚，哭累了，還是要準備出門上班，再去復健。這樣經歷了三週。

感受到媽媽的痛

一天早晨，也是痛到無助，我聲嘶力竭的哭喊著已過逝一年多的媽媽，霎時腦海中浮現一幕景象，媽媽因長骨刺壓迫神經痛苦不堪，她從房間要走到廁所，因為疼痛，身體微曲，沿著牆壁慢慢走，還不時擦眼淚，我陪在身旁不耐的跟她說：「怎麼走那麼慢，真有那麼痛嗎？」

霎時間，我感受到媽媽的痛，當下跟媽媽懺悔，跟她說：「請原諒我，我知道妳很痛了。」並跟光的上師承諾，願意當祂的使者，哭累了，擦乾眼淚，起床走到廁所時，奇妙的事發生了，我能坐上馬桶，行動已沒那麼疼痛，甚至可以自行裝扮上班，至此我可以行動自如至今。

這一刻，上天讓我領略了懺悔的療癒力量。

態度轉變的開始

媽媽懷我的時候，期望生的是兒子，沒想到生出來是個女兒，非常失望。當天是元宵節，氣溫很低；聽大姐說，媽媽把我放到床角邊，想讓我凍死，爸爸看到我已凍到發紫，趕快拿小被把我包裹起來，並跟媽媽說：「女兒嘛好。」記憶中，媽媽沒抱過我。只記得爸爸下班回來，常從草堆中抱回睡覺中的我，而我繼續裝睡，讓爸爸抱回家，貪一點關愛。

媽媽沒讀書，不識字，卻有數字頭腦，動作俐落，能做一手料理，可辦好幾桌菜，她也會裁縫、做衣服，所以家裡雖窮，吃穿總可溫飽。但她從沒好話，除了抱怨，還是抱怨。

我二歲時，生了弟弟，她把關注全放在弟弟身上，我像野孩子一樣到處玩耍，媽媽說，我很早就會講話，口齒伶俐，到隔壁張家村及叔伯家，都受到疼愛，常流連在外，東家吃，西家吃，不怕餓著，想來我的人脈及公關能力應該是天生的。

我五、六歲時，就必須每天晚上送便當到學校給哥哥、姊姊，他們要留校讀書，準備考初中，於是就認識了學校老師。當我要入學時，穿著媽媽做的制服，獨自一人到校報到，正好遇見蔡秀美老師，她把我帶進她的班級，從此與蔡老師一家結了一輩子師生緣。我的國語文能力歸功蔡老師啟迪，媽媽沒讀書，從沒給我準備文具，筆、橡皮擦都是因為字寫漂亮或背一課書，老師獎賞的。每當學校要繳費或買什麼文具，媽媽永遠沒有處理，常常讓我覺得抬不起頭，慢慢對媽媽輕蔑、看不起、常自怨為何生在這種家庭？

媽媽每每把好吃的都給弟弟先拿，更讓我憤怒。有時候我會以欺負弟弟為樂，我跟弟弟睡一個房間，天天上演不給他被子或踢到床邊去的戲碼。雖然父母不管我，我還是很活躍，常代表學校參加各種比賽，是學校的風雲人物。

弟弟小學畢業那年得肝硬化，家裡一片愁雲慘霧，爸媽用盡家財為他治病，一

年後還是走了，媽媽從此病倒，幾次被送上救護車上醫院急救。我跟媽媽說：「我來照顧你一輩子，若你沒活，我也不活了。」

「轉性了！」

讀蘭陽女中時，爸爸調到花蓮，參加北迴鐵路測量；哥哥當兵，姐姐出嫁，家裡就剩下媽媽與我，我們還是沒什麼互動；她活在悲慘裡，我活在自己的幻想世界裡。

上專科學校後，一回與同學到真光教養院參訪。只記得當時天冷，院址很偏遠，進入院內時，所見到的院童都穿很少，各個都凍得流鼻涕，感到髒亂噁心；我受到很大衝擊，心想，怎麼有人要住在這裡？只因他們無家可歸。頓時，我深深感受自己有多幸福；父母程度不高，至少健在，家窮還能溫飽；天冷，媽媽還會改舊衣服給我穿。參訪後回家，當晚主動洗碗，媽媽瞪大眼睛，輕輕說了一句：「轉性了！」

從此，照護媽媽就是我的責任。她住院，我陪她住院；她唯一一次出國是去新加坡，我陪著；她臥床，我幫她洗澡，直到她往生。

被理解是幸福的

我這一生被誤解得多，但現在被理解得多。
過去若被誤解，會氣炸了，或去辯解，甚至當面質問。讓多話者當場下不了台，
而對誤解我的人，尤其自以為應該了解我的；卻相信饞言、又不求證的朋友，
就更不能諒解；絕交了事，因為不值得為友。

可現在若發生此事，我會如何處理呢？

一、先想想自己有沒有表達不清楚讓別人誤解，下次記得再表明清楚。
二、再想想傳話者與自己的交情，有無利益糾葛？
三、不再辯解。
四、若志不同道不合，何需浪費時間？絕交了事，不相往來。
五、再繼續學習！

進入「光」中，平安的生活

我發現自己真的進入光芒中，快樂的生活。

二〇〇三年正月十五日是元宵節，也是我的四十六歲生日。這個星期進入薄荷綠之光，它是象徵重生和青春與活力，在運作的過程中，我發現自己真的進入光中；這星期看起來青春活力，同時較喜歡表達與分享我所感受的，它是一個讓您非常舒適的頻率，和上星期的紫水晶之光真是天壤之別。

紫水晶之光我很快的走過，因為它讓我喉嚨沙啞、皮膚搔癢，雖然沒有憤怒、恐懼或是仇恨、傷痛的負面情緒出現，可是身體上的不舒服會呈現，造成困擾。我這種人就是不會挑苦的吃，無論生活、工作、談感情，或是婚姻，甚至練功修行，只要簡單易學有效就接受。婚姻遇到了問題，先離開再說，行事作風簡單純真，不喜矯揉做作，與人相處直來直往。

在未真正走進修行這條路之前，有吃一些人際關係上的苦，但是現在完全沒問題，因為只要有尊重和愛，環境或人事再複雜一切都 OK 的。

求神佛不如求己

我很慶幸自己的覺醒，感謝自己、感謝上師、守護神的護佑，當然更感謝愛我的人，我祈求更多人「離愚得樂」，快樂生活。日子每天過，讓自己保持開心，平靜與愛很重要！求神佛不如求己，修練沒有捷徑，只有在自己身上發覺問題才有機會修正，否則枉然，一日復一日。翻書是聖賢，合卷又是自己，在道場是善行，回來又現回原形，不斷隨境流轉，原地踏步！

看看自己進步了嗎？

如何做呢？

一、少說話多靜心。

二、若要說話，小聲說輕聲說，成為習慣。

三、多看書多聽音樂。

四、多運動（走路、練功……）

五、多微笑、開心笑、哈哈笑！

六、不生氣、不抱怨、不嘴碎、不論是非、不道長短。

七、多讚美、多鼓勵、多鼓掌。（對自己、對家人、對同事、對其他人，都一樣）

以上做到就知道！從此不求什麼，而什麼全有（健康、快樂、運氣、財富）

泰然

梁啓超說：「今天比昨天好，明天比今天更好」，「運氣裡藏著努力，脾氣裡藏著修養」，這是我衷心奉為圭臬的兩句話。

他說：「好運氣往往出現在努力的人身上，運氣好的人通常專注行動；好修養往往出現在脾氣好的人身上，脾氣好的人通常和藹厚道。」

努力了，運氣就來了。

脾氣好，凡事都變好。

修養好，脾氣自然好。實際上脾氣大的人，本事是不大的，可能因為本事不大，所以才通過發脾氣想震懾住別人，其實生氣也不能解決問題，而是更顯現自己的恐懼。

努力後自然有好運氣，運氣的背後當然也要付出辛勤和堅持。

走在生命正確的途逕上

過去我是個憤怒的小孩，身上滿滿的刺蝟，練氣功後，脾氣不知不覺變好了，其實是發現其中奧秘，「受外境引動內在隱藏的負面情緒」，「所有的問題，答案在自己身上」，同時看見那憤怒的生起，當看見了，就已然消失，為了再看見憤怒的生起所製造的憤怒，卻再也看不見，在覺得不公平時，我見到自己擁有的，不介意沒有的，一切釋然，從此我運氣越來越好，也越來越認識自己，從而無懼的成為自己！

與夏老師多年傳授的法門相謀合，了然自己走在生命正確的途逕上，一往直前，現在「開心」是我的名字。

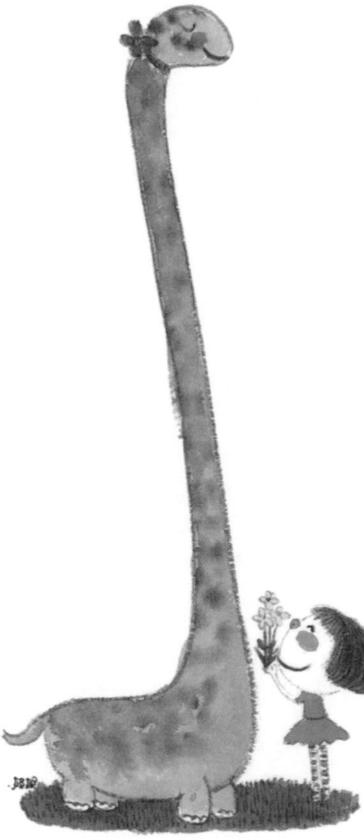

老師與我

感恩一生遇到的好老師

我的父母沒受什麼教育，幸運的我這一生遇到幾位好老師，小學一年級就遇到了蔡秀美老師，她是正統師專畢業，她教我正確國語發音，訓練我成為演講者，並參加國語文競賽，破音字正確讀法，拿很多課外書給我讀，這應該是我成為廣播人的啟蒙者，從六歲與她成為師生，至七十多歲她往生，我為她讀了祭文，她給的愛與教導，幾乎是影響我一生最大的人。

國中時遇到蔡美琳老師，她給我一個重要的觀念，即女性的獨立自主先從經濟獨立做起，所以立志當個職業婦女。

高中時遇到李澤光老師，他一身長袍，溫文儒雅，聲音宏量，給我們很多儒家思想、文學素養，常常要我們背誦很多文章，他讓我知道單純天真、調皮搗蛋是被寬容的，他說最喜歡聽我宏量的笑聲及紅紅的蘋果臉，所以我的座椅都排在中間第一排第一個，而不是因為矮！

專科時遇到張哲琛老師，他的成本會計不會讓我覺得無趣艱澀，我才明白，不會讀書不是學生笨而是老師不會教！

陳浪評老師沒教過我，卻是給我一生教導與守護的人，我們的巧合相識可以在另外篇章描述，因為太不可思議！

夏本清老師是我走向靈性，讓心境平和快樂及保持正向思考，至今一直跟隨的老師，當然我也遇到很多負面教導的老師，我很慶幸並感恩我這一生遇到的好老師，讓我的人生豐富且平靜！

我的黑與白

熟識我的人都知道，我喜歡穿黑色或白色且寬鬆的衣服，因為我的身形從來就是矮矮胖胖，從小也是運動健將，還能代表學校在我的家鄉宜蘭縣參加過好幾次的球類比賽，打過躲避球、排球、羽球、壘球，家裡櫥窗的獎盃應該都是我的傑作。

想變成一隻白鷺鷥

雖然在學校表現不俗，回到家一定要在田裡或菜園裡幫忙農務，把自己弄得髒兮兮的，常常在水田遇見身型瘦長、全身潔白的白鷺鷥，優雅的在田裡覓食，我靜靜望著，心想我若是牠，多漂亮啊！

有一天，為了親自體驗催眠，好奇自己的前世今生，前往葛吉夫催眠諮商中心找廖閱鵬老師催眠，他要我變成一隻會飛的鳥，我不加思索的就變成一隻白鷺鷺，之後再下指令換成另一種，我想了半天，還是選擇牠！因為好不容易可以在另外意識裡成為牠！

黑色是我的幸運色

我愛黑色，是因為顯瘦或不顯胖，賣衣服的店員說，我穿黑色，皮膚更白，顯得有精神，看了命盤說，黑色是我的幸運色，於是黑色是最多選擇，它讓我變得自在（或許是一種隱藏）。

我愛白色，是白鷺鷥的顏色，我期許自己要優雅、沈靜，緩慢、高挑。二十多歲時，常常用力減肥，老爸說了一句話：「胖子喝水都會胖，每天跳繩、少吃，永遠也不會變成高挑的女子。」於是欣賞所有腿長白皙的女子，當我穿上全身白洋裝，就有一種竊喜。

歲月的淬煉，現在已無黑白情結，但整櫃衣服少有其他色彩，因此繼續我的黑白人生。

沒穿過有腰身的衣服，當然和外型條件有關，職場上瘦高型漂亮的女性，自然有多一些的工作與升遷的機會，矮胖型的，只要更多的努力，找出自己的風格與獨特性，在人生路上依舊能創造屬於自己的一片天！選擇成為自己，我很快樂！

我的頭髮

我從小頭髮細軟又稀疏，長大也沒長多少，大人說：「好命喔！」但看了就生氣。

我的個性特質像男生，一直也不愛漂亮，沒留意過自己外表的美醜，很少好好透過鏡子看自己，偶爾聽到隔壁長輩評論可愛。家境不好，剪髮都是媽媽操刀，那把不利的大剪刀，只要別拉扯疼我就行，髮型永遠就是馬桶蓋，沒啥可挑剔的，就這樣保持到高中畢業。

之後曾留長髮。有一天，一位班上男同學說，從背後看，我的頭髮會發光發亮，很美；心中一陣竊喜。只可惜髮量太少，無法如瓊瑤小說中形容女主角的頭髮如飛瀑般烏亮，才驚覺，原來頭髮也是男生欣賞女生的因素之一，試想沒有男生示愛，可能是自己矮胖與頭髮稀少的關係，少女情懷總是詩。

於是開始減肥、運動、燙髮，就算少吃少喝，每天跳繩跑步，燙玉米鬚頭，也沒吸引到男生約會，還把亮麗的髮質燙壞；後來不停變換髮型師，也一直不滿意，因為髮量少、髮質細，頭大臉圓的條件是很難改變的。

最後，終於懶得費心神在頭髮上，髮長了就修剪，好看不好看都是一個樣，但是那想變得更美的心情依舊。常問髮型師一個問題：「如何讓頭髮看起來變多、好整理又不難看？」於是在她的建議下，嘗試了各種燙髮，如銀絲捲、螺絲捲、平板燙、大捲小捲……，終於找到自己可接受好整理的髮型，讓我很長時間不用為頭髮傷腦筋，可以專心工作，生活，充滿自信與活力。

心美，所見皆美

如今年紀漸老，頭髮已白，困擾多年的頭髮不再是介意的事，心美，所見皆美，讓自己過得越來越簡單，開心做每一件事情。現在您看到的髮型，就是最適合而我也最喜歡的！

孝順的孩子有天護著

我家有六個孩子，我排行老五，弟弟往生後，我變成最小的孩子，與父母相處時間最久，當然得到父母的關愛最多，也承擔起照護父母的責任，直到他們離世！

父母生前，我盡心盡力照護；死後，我沒虧欠或懊悔。每天工作、照顧自己的孩子。因為順心，所以沒煩惱，身心健康愉悅，也買了房子有個安身所在，平安快樂過日子。

這許多年，我突然感悟，我何以可以如此順心過日子？工作與孩子都在期待中成長，有這樣美好的境遇，應歸功於我孝順父母、善良的心。

每回有人問我：「如何當父母？」我先問：「你如何對待自己的父母？」把本份做好了，孩子就沒問題。我也遇到與小孩之間的問題，她不愛讀書，功課不好，晚上很晚回家，怕她學壞，規定一些規則讓她遵守，可一切現象並不是按照我們要的方式進行，每天與她爭戰，過得很不愉快。

我把問題丟給老師，夏老師說：「對待孩子，父母只提供照顧與愛，其它就把自己過好。」老師說的，我都會聽、會做、會實驗，於是我改變方式，孩子晚回，給她準備點心，主動給零用錢，不再惡言相向。我也專注在自己想做喜歡做的事，例如爬山、練功，奇蹟發生，美好的關係從此建立，之後很少有衝突，孩子朝她的喜好進行學習，她學黑管吹奏、打爵士鼓、學英文，甚至出國遊學，現在有一份穩定工作，還懂得投資理財，並能獨立自主管理自己，成為孝順、開朗、努力的人。

因為放心，也讓我越來越健康和快樂。

最大的問題在父母

每個人都希望當個稱職的父母，我們用自己以為的方式對待孩子，當孩子不在我們期待下成長，就起煩惱，因為情緒起伏不定，讓彼此與家人關係受到連動與影響，關係就越來越惡化，若無即時調整或改變，只有每下愈況。

以前有一位離職的同事 後來當教授，她有一位優秀的女兒，讀的是北一女中，當時母女關係惡劣，問我怎麼辦？我介紹她去聽一場家族排列系統創辦人海寧格大師的講座，海寧格大師劈頭就告訴她：「孩子有問題，最大的問題在父母。」這位前同事學的是教育，很不以為然，不知她有沒有覺察這關鍵所在而有所調整，但我相信她和女兒間的關係會越來越好。

寧當個有趣的人，不當女強人

讀書時，喜歡看中央日報副刊，當時正連載女強人小說。我期許自己要做個經濟獨立的女性，在未有好工作之前，不談感情與婚姻，於是很專注準備各種公職考試，也因此無往不利。

當個經濟獨立的女性

在工作職場上也很認真，可能是辦事俐落、效率好，一直都被認為是女強人，但我從來就不喜歡被如此稱呼，只是無論私下搞笑、搗蛋，還是脫不了這樣的形象。

要當個經濟獨立的女性，就需要一份穩定收入，要在工作中被肯定。於是，我就自訂工作準則：不遲到早退，提早完成期限內的事務，字體工整，長官交代的事儘速回報，新工作業務三個月內搞懂，創造別人沒做過的業績，與人相約不改期、不失信、不遲到，專業度在同儕中沒能第一但也不落後。幸運的是，職場近四十年，好像沒被嫌過能力不足。

領悟到什麼是當下

另一些原則是：管理公款一定公用，誰也不能挪用，招標按規定來，不送禮、請吃飯，對長官不奉承、不諂媚，不取不該取的；這些看起來是優點，其實也因此嘗受人情世故間不妥協的辛酸。我總是一個人孤獨的站在自以為是的正義一方，有人形容我像刺蝟，誰也不能靠近！最重要的是，我不讓那些狡詐之人靠近！他們若靠近，就無地自容，因為醜事就快速掀開！所以不知是上天幫助我，還是別人壞事做盡，遇見我這個鬼！總是他人離開，我留下。

有一天我在陽台晾衣服，一向快速動作的我，竟然緩慢的把濕衣服慢慢拉平，當下我領悟到：什麼是當下！從此，我學會不急不躁處事，並慢慢回歸本性，單純、快樂、搞笑、輕鬆。寧當有趣的人，不當女強人。

腳的啓示

游泳一小時，再去整理自己的腳趾甲，健康和快樂從整理身心開始。

小時候在農村長大，幾乎不穿鞋子，所以養成一雙大腳板，長大後很難買到適穿的鞋，每逛鞋店，都懊惱買不到喜歡的鞋。

感恩自己的這雙腳

有一回，我與最要好的同學一起買鞋，但我還是選不到自己要的，生氣自己怎長得一雙寬板腳。同學卻在一旁微笑著說：「妳看我只能穿一隻鞋。」看著得小兒麻痺症的同學腳上穿的一隻鞋，當下我的心被震了一下。

從此，我接受並感恩自己的這雙腳，並且善待我的腳，因為它們完整無缺。

談開竅經驗

以前聽人說：「你開竅了。」但我真的是不懂「開竅」的感覺，到底「開竅」是什麼樣子？

但我實實在在有兩次「開竅」的經驗，一次是二十多年前在舞台上，一次是六十歲時在學習英文上。

我不是廣播與節目主持科班出身的，這份工作是經過試音、寫評論、再面談後才被錄取的，可能是小時候在學校受過演講比賽訓練及參加國語文競賽得獎，又常被老師叫到升旗台前發號司令，在發音、口調及膽識上佔優勢，或是上天巧安排，賞飯吃，總之，我被錄用了，且是一輩子靠這份工作吃香喝辣，養自己養家。

因為專業學科知識的不足，我認真自學兩年的新聞學、語意學、採訪學、修辭學，下班去上台語課程，讓自己成為國台語雙聲帶，能播國台語新聞和評論，成為能寫、能播、能採訪的媒體工作者。為充實自己多元資訊，每天讀報至少六份、閱讀雜誌及看書，隨時充實自己，採訪來賓前也做足功課。印象最深刻的是，在採訪吳大猷博士前還被他考試，他滿意後才進行採訪，他用紅筆親筆留下自己私人電話，同意我常拜訪。完成任務後，我很開心，也充滿自信。主持廣播節目與外場舞台活動是不同的，在舞台上多了台風、外型穿著、口條、現場臨場反應，雖有 run down，有時需要隨著來賓致詞的長短、演出者的表現、到場或未到場等突發狀況和現場氛圍而調整。身為主持人，我總是戰戰兢兢，抓緊狀況發聲，雖然每場次總是安然順暢過關，主辦單位也滿意，但我自己知道自己的侷限，表現太過制式，嚴肅又緊張。有一回在「金心獎」頒獎典禮上，記得蘇芮女士也來共相盛舉，我在輕鬆有趣、靈活且開心的氛圍中完成主持工作，那一場經驗讓我突然有開竅的感覺。之後，在國父紀念館舉辦的「薪傳獎」頒獎典禮與宜蘭體育場的「Super Young Party」跨年晚會，我就應付裕如了，從此對主持工作有不同的領會。

開心記、輕鬆唸

另一次開竅的感覺，是在學習英文上。二〇一七年，一個突如其來的想法，讓我意外組成一個「熟齡遊學團」，跟二十位團友到英國德文郡 long stay 一個月。早上安排上英文課，下午與假日則安排旅遊，住在 host family，事後每一位團員心中滿滿深刻的快樂回憶。這是台灣熟齡遊學的首發團。

當時我的菜英文常常讓我臉紅，回來後便立志學英文。但年紀大了，總是記這個忘那個，有點氣餒，但我還是堅持每天學一點；一年後，我抓到了竅門了，就是開心的記，輕鬆的唸出來，難記的多讀幾遍，以簡單的生活英文一次又一次的運用，無需刻意背，並作成筆記，一再複習。二〇一九年八月，我們再去蘇格蘭的愛丁堡遊學，我已能輕鬆的與老師及外國人對話。

「開竅」是甚麼？其實就是你一遍一遍去嘗試困難的、吃力的、緊張的事後，突然發現其中樂趣的方法，最後是以輕鬆愉快的方式進行，而且成效良好的完成。

朋友們，您有開竅的經驗嗎？

遇見海寧格大師

我曾讀了一本《張老師月刊》出版的書，書名是「家族排列系統」，由周鼎文老師翻譯，厚厚的一大本，內容描述許多案例。

但我發現，作者只寫到有這種現象，但沒有談到「為何如此」的答案，讀後心中產生很大疑惑；因此，我就邀請周老師上節目，訪問他，請他解說。他在節目中還是沒有給我很確切的解答，事後他又寄了家族排列的影片給我。看了以後，是多明白了一些，但還是有疑問。

後來，周老師邀我去上整整三天海寧格大師的課程，地點在台北市立圖書館禮堂，出自求證精神與好奇心使然，於是我安排時間去參加。進場後發現，會場整個爆滿，驚訝怎麼有如此多來自全省各地的學員不辭辛勞來學習。感動之餘，就留下來，希望能了解這個法門。

在這個課程裡，我見到大師不疾不徐地在台上，從學員的故事、家族問題與困擾，一一排列，在排列中，可窺探出一些線索，進而與自己的困擾和解。我覺得大師應該是一位通靈者，但他說不是。

原來有疑問的部份，大師解答是：靈魂的工作，他用一個方法和解，即對你要和解的對象，把對方放在眼前，真情實意給對方深深的、慢慢的一鞠躬，可以對他們說話，例如：我愛你、謝謝你、對不起、請原諒我，我接受你的選擇等。我把這個方法應用在生活中，例如：遇到不如意的事、在逝去的親人與禱告上。同時，我更領會了「和解」、「尊重」天地萬物、大自然、眾生與愛的序位，自己不會受苦的道理，當時是二〇〇三年。有了這個領會後，從此心安無憂的過日子，真要謝謝周鼎文老師的引薦。

猶記得在課程的休息空檔，看到大師坐在台上的模樣，驚然發現，他似是老子的化身，巧合的是，大師竟然也談「道」，而他是德國人！

大師在二〇一九年九月十九日離世，享年九十五歲，他留下的法門一定可以幫助更多人離苦得樂。

我觀察到的明師與得道者的特質

仁慈、溫暖、健康長壽、可愛、風趣、永保微笑、耐心、寬容、感知與洞察力敏銳又準確、說話簡潔有力、掌握全局、生活簡單、聆聽、大愛無情。海寧格大師與夏老師均有上述的特質。

真話讓我們心安

在五歲未上小學前，我常跑到隔壁阿婆家玩耍。阿婆八十多歲，纏足，包頭，喜歡我去找她；她常說：「女孩腳大，嫁不出去。」她拿很長、泛黃的裹腳布纏我的腳，纏到我腳疼，受不了時，我就掙脫了。

阿婆幫我解圍

有一回，我以台語問阿婆：「妳哪會活這呢久？隔壁的老人都死了了，只剩妳一個，妳會無伴嗎？」阿婆笑笑回答：「我嘛不知，就這樣過啊！」當時的對話被母親聽到，她認為小孩亂說話，對阿婆大不敬，拿著竹條一路追打，已經跑到很喘了，她依舊窮追不捨，最後還是阿婆幫我解圍。不久後，阿婆真死了，我卻哭的很傷心。

至今，我依稀記得坐在阿婆面前，她抓起我的腳用裹腳布纏我腳的模樣，迄今仍感覺到那手的溫暖。

我從小就不喜拿香跟拜，尤其不會求神拜鬼。我認為，自己若沒做好，或為非作歹，我不相信拜拜有用，神鬼也不會庇佑。有一年的農曆七月半，媽媽忙碌了好幾天，準備了「澎湃（豐盛）」的魚肉、糕點、香燭，按慣例，我要幫忙抬桌椅，擺放所有的供品，桌底下還要放一盆水、一條新毛巾、一面鏡子、香粉、花，所有的紙旗都要寫上地址、名字，插在所有的供品上。對如此繁瑣的事，我已經有點不耐煩，此時媽媽還要我再搬幾袋米放在長條椅上，於是我就不情願的回應她說：「平時妳又沒做什麼好事、說什麼好話？妳拜神鬼，『烏西（賄賂）』祂們，祂們就會給你保佑嗎？」話畢，母親立馬拿著鍋鏟殺過來，我又被追殺了。所幸，當時父親沒加入戰局，跟著媽媽一起出氣。後來才知道，他是默認我的看法；因為小時候，他在拜拜時，剛好發生空襲，逃命都來不及，哪能顧及拜神鬼？當然，父親也是有溺愛我啦！

不過，父母總認為，我說話直白，死人個性，不會變通，在外一定會吃虧。

我也只是做自己，看到啥、想到啥，就說啥，心口如一，說假話騙人也沒學會，就不懂，為何不能如此？很難想像，睜眼說假話還可以顛倒是非的人，如何面對自己？能心安嗎？

我也曾經以少説話來應對虛偽的職場環境，那幾年，正好也是我潛入靈修的人生階段，逐漸進入自己的內心世界，專注於學功、練功，上一些課程，並大量閱讀相關書籍，如：《當和尚遇到鑽石》、《秘密》、《慈悲》、《奇蹟課程》、《零極限》、《用心法則》、《新時代》等書籍，以及關於「光的課程」等。在不講假話時，我就保持沈默，或許也因此而躲過多場職場風暴，得以平安度日。

在強化內在能量後，能繼續保有本性，且安心無慮的活著，肯定是有神庇護著，才有如今豐盛無憂的日子，因此我常感謝神。我雖然依然沒拿香備禮，只是給眾神、守護神、光的上師、光的指導靈、天使們深深一鞠躬，感謝所有的護佑！直言有時會惹禍，但真言、善言、美言，還是讓我們心安、平安、快樂，最有力量的法寶。

自己不能欺騙自己

單純、誠實、不取不該取的財物，一直是我生命的核心價值。讀了托爾斯泰名言：「說謊，騙別人只有三分，騙自己有七分。」我更深信：自己不能欺騙自己。

小時候我說謊時，臉會漲紅，心跳加速，並常常自己戳破自己的謊言。嚴厲的父親只有眼睛瞪著我，而沒有處罰我。從此我明白，我沒有能力說謊。「單純」是我從小許下的承諾，不管我年齡多大、職位多高、多有錢、經歷多複雜的事，我都要保有這份單純。單純的心、單純的生活、單純的人際關係，就是要單純，因為單純沒有負擔。

不取不該取的財物

夏本清老師告訴我們：「得了不該得的，會失去該得的，什麼時候失去，「果」現前就知道了。」看了很多周遭的人，還有政客的例子，確實如此，所以學會不取不該取的東西。
因為單純、誠實，因為不取不該取的財物，至今活得坦然，活得無憂無慮，活得開心，安穩睡覺，獲得全然的快樂，真實不虛！

堅持誠實與善良

善良與誠實是我生命的核心價值，但是如果有人傷害了我的生活、財產，以及發生不合理的事情，那我一定力爭到底，而且會用方法保護自己或是別人。

我說的話、我做的事，我會完全負責

我工作的電台是老字號的民營電台，超過三十五年的職場中，總共經歷了九位長官，每一位都有不同的風格，但大多是中正、用心、努力、為公司好的長官，也有會公關、花錢、愛聽好話（諂媚）的。不管遇到什麼長官，為了工作及生活，我們還是很努力，依舊可以為公司創造好成績。

在職場上，我一直被好長官賞識提拔，當然也一路招忌，很多不是我說、我做的，都會被人打報告給長官，害我一路揹了許多黑鍋。幸運的是，睿智的長官還是居多，有些事還是長官發現，提點我小心應對，要我別太沒心眼；我說的話、我做的事，我會完全負責，我不傷害別人，上天自會保護善良的人。或許，就是因為我的守護神太強了，這些黑事總會見光；這就是為何像我這樣的人，能在職場依舊安然無恙、身心也未受影響的原因，若非神助、天助，豈能如此！我自承努力、盡分，但是個性直白，不向惡勢力妥協，也會為不公平的事力爭，不計後果，算是剛烈的性子。但最後，我還是堅持我的生命價值：「誠實與善良」。我相信，不管遭遇的黑暗勢力再強，總會遇見曙光，我就是最佳案例。

六十歲之後可以為眾生

六十歲後，我決定瀟灑做自己，便從職場退休了，轉換到為別人服務的志業，盡一份讓眾生離苦得樂的責任，用自己的所學、所知、所用來幫助人，盡心盡力做，或許這就是自己此生的使命。前六十年為自己，之後可以為眾生。這個人世間，好人好事還是多數！

爲何要「重然諾」不食言？

我總是期許自己：說到做到，無論工作上、處事上、與人交流上，盡量少食言。如今，終於明白，「食言」不止傷害人際關係，更會傷害自己的身心。因為「食言」會破壞別人的希望，也會傷害自己的信用；當您向上天祈求時，上天一樣不會對你給予諾言，這就是為什麼求神、神不應而導致一生不安的原因！食言和欺騙相較，孰輕孰重呢？當然是食言！為何？若是欺騙，對方有察覺的機會，若是食言，食言的內容本質雖是欺騙，但對方不易察覺；所以，食言比說謊的欺騙，更容易傷到別人的希望。以迴旋鏢理論來說，食言像迴旋鏢，發出去時傷害別人，但迴旋回來時則更容易傷到自己，會讓自己心想事不成。

重然諾才會得到真正的快樂

只有清楚自己不會成為一個食言而是重然諾的人，你才會得到真正的快樂，因為只有以不欺騙自己的心對待人，才會得到心安與幸福！請問問自己：是否常食言？

二、影響我一生的人與事

寧可天下人負我，我不負任何一個人。
因為欠人的總是要還，以後怎麼還還不知道。

母親與我

我的母親沒讀書、不識字，卻有精準的數字概念，我給她多少錢，她算得清清楚楚。每天做東做西，裡裡外外忙碌，養雞、養鴨、種菜、拔草、煮飯、洗衣，自家忙完，還要到別村忙，因為手巧，動作俐落，會做衣服，常被鄰村央叫去幫忙，尤其是喪事。

看她總是沒閒著，閒下來時就唸東唸西，說祖母愛聽讒言、父親打罵她、沒給她過好日子，身體的病痛全是他們造成的。聽她說話，從沒一句好話，只有「酹」（ㄌㄟˊ）和「跍」（˙ㄎㄨ）（這是台語發音）。

我記憶中完全沒有印象曾被她抱過、餵過，在媽媽眼中，我是脾氣壞、難管教的女孩。

弟弟小我兩歲，她只關心弟弟有沒有吃飽、吃好，把好東西都留給他。弟弟跟我睡，我只能在晚上睡覺前欺負弟弟，把他踢到床角落，同時恐嚇他一下，以紓解心中的不平。直到弟弟肝硬化過逝，那一年，他十三歲，我十五歲。

弟弟過世後，媽媽傷心過度，身心嚴重受創，從此救護車就經常出現在家門口。有一回，跟著媽媽在救護車上，看著她奄奄一息，哭著跟她說：「阿母，妳若死了，我也不活了，妳若沒死，我照顧妳一輩子。」從此媽媽若住院，我也住院照顧她，直到她七十九歲往生。

媽媽長期臥床，長褥瘡，只能喝流質食物，我運用白光，引領她走向平靜，並告訴她：我可以獨立照顧好自己，且會活得很好，請她放心，放下怨念，跟著光走。不到一個月，她就安祥離世。我沒有傷心，只給她祝福。告別式時，我代她說了感謝的話，謝謝所有照顧過她的親戚朋友。這是她一輩子沒說過的話。我從來不知道自己的母親有多美麗，直到有一次，看到一張泛黃有污漬的照片，影中人是一位雙眼皮、大眼睛、挺鼻、薄唇、瓜子臉的美女，像極了凌波女士。

我很驚訝，那是母親年輕時的照片，若不是艱難環境與歲月摧殘，母親年輕時真是一個美女。不過，從二姐身上可以看到母親的影子，她長得明眸皓齒，早期星探還曾要二姐拍電影。我只怨嘆自己，為何一點都沒像母親。直到家裡裝了電話，聽到電話那頭傳來母親的聲音，如此清脆悅耳，我才知道，自己的聲音遺傳自母親。我從事廣播主持工作三十多年，就靠這聲音養家活口，過著幸福的日子，原來這是母親的賜予。

我的父親

我親愛的父親，生於一九二八年，歿於一九九六年。他是養子，祖母沒生兒子，硬把他抱回來。父親的原生家庭很窮，有六個男孩、兩個女孩，他排行第三，屬龍，所以被選中。

他在領養的家很受寵，因為祖父早逝，把家產全給父親繼承，所以日子過得很優渥，娶了大三歲、美麗不識字的母親，生了六個孩子，四女二男，我是四女，哥哥大我五歲，弟弟小我二歲；不幸的是，弟弟十三歲時就因肝硬化往生。

祖母一直看不起媽媽，父親為了聽話及當個孝子，常打媽媽給祖母看，以撫平祖母的怨氣。小時候，媽媽只要被打，就帶著我和弟弟去住舅舅家，最後再被

爸爸接回。如此的現象一再重複，因此，我從小就對父親滿懷怨懟與疏離。父親年紀大了之後，常與他原生家庭的兄弟姐妹聚會。有一回，他帶著我去姑姑家，喝得爛醉，哭著訴說他夾在養母與妻小中間的苦楚。我多麼驚訝，一向像國王一般的父親會如此脆弱，原來他打媽媽是為了愚孝，卻斷送了夫妻與兒女親情，一輩子都被母親怨恨。

領略了「阿爸親像山」的情懷

祖母中風臥床後，均由父親一手照料，直到送終。在我眼裡，他確實是一個孝子。他從職場退休後就改變了，變得風趣有耐性，或許是贖罪吧，他承擔起照料一身是病的母親的責任，不管母親對他如何冷嘲熱諷，細說前怨，他都忍讓，每天買菜煮飯，送媽媽到醫院看病，對我更是疼愛有加，照顧得無微不至。我開的車，從不需要我自行加油、洗車、驗車，如此漸漸拉近過去與父親疏離的感情。我最幸福的歲月就是那近十年的日子，領略了「阿爸親像山」、「啥米攏不驚」的情懷。

我離婚後，帶著孩子，獨自在台北生活。他知道我是不會開口要求父母協助的，為了減輕我的負擔，找藉口把孩子帶回宜蘭，並留在宜蘭上幼稚園，我女兒的台語和騎腳踏車，就是在此段時間學會的，那也是她最難忘的一段記憶。過年過節，我像是未婚嫁的女兒，毫無忌諱的隨時可回家，因為有爸爸為後盾，我並沒有單親養家的辛苦。

父親是我的天

一九九六年賀伯颱風肆虐宜蘭，父親一手栽植、已高到三層樓的木蘭樹折斷，他在整理樹枝時閃到腰，每到黃昏就疼痛發燒，送到醫院檢查不出結果，改送林口長庚，在安排做核磁共振前，突然腹部大出血，最後回天乏術，才兩個星期時間就天人永隔。

他一直是硬朗與堅強的人，但經不起疼痛，插管時，他示意我拔管，要回家；我握住他的手，直掉淚，也不知所措。我不忍他受苦，卻又不捨他走，當時我三十八歲，還沒接觸修行法門，只知道「父親是我的天」，他過世，我悲痛萬分。

與蔡秀美老師的三段對話

蔡秀美老師是我就讀宜蘭縣五結鄉學進國小一年級時的老師，我的標準國語就是她教的，一路陪伴我們直到她七十多歲往生，祭文也是我讀給她聽的。我常在節目中說她與我之間的情緣，是她造就了今天的我。

與恩師的對話之一：

蔡老師：

剛退休時，同事問我：「會無聊嗎？」我說，上班時一天是二十四小時，退休後四十八小時都不夠。知道你們爬七星山，一定又是既健身又開心的活動，非常羨慕，我好像也一同參加的感覺。主持節目外，週末、日還規劃各種活動，真是充實的生活！天氣炎熱，忙碌中注意身體。「週遭每個人都是老師。」沒錯，說得太好了！雖然求學時，我是妳的老師，但我聽節目，就當作我在上課，妳是講課的老師了。我帶比比（她的外孫），從他身上，天天都學到許多，每天會茶友，交談時，無形中學了許許多多！

立玲：

老師，這次您留言最多，不簡單喔！給妳鼓個掌。從小看妳隨時都是笑咪咪的，還露出整齊潔白的牙齒，所以就學妳每天笑咪咪，現在體會笑咪咪的好處：一、身體健康少生病，二、人緣好少生氣，三、工作順利少煩惱，四、青春美麗少縐紋。這也是不花錢、效果佳的優質美容保健品，而且是長效型的！

與恩師的對話之二：

立玲：

看到老師留言是多麼幸福的事，好多人羨慕！同事問我：「是什麼時候的老師？」我回說：「是小學一年級到六年級的級任老師，國語文的啟蒙老師，老師把我的國語發音教得多好。」還記得嗎？有一次代表學進國小參加演講比賽，那天爸爸不讓我上學，您非常著急的騎著腳踏車到我家；看到氣喘噓噓的妳勸爸爸讓我去比賽，卻無功而返，那一幕歷歷在目。就因為家裡在割稻，而我又能幫忙什麼？當時真的好氣惱，很長時間不跟爸爸講話。

小時候常怨嘆家境不好，父母沒受什麼教育，遲交的學費還是老師代墊的。直到與同學到真光教養院拜訪，在那兒看到更多沒父母照顧的孩子，在寒風中挨餓受凍，突然間覺得自己很幸福，和父母的關係從此改變。我常說，自己是被好老師教育出來的，現在我還在受到庇蔭，多幸福啊！

從事廣播工作，其實是小時候奠下的基礎，好像我都沒跟老師說感恩，對不？老師謝謝您！

蔡老師：

好窩心喔！甜蜜的聲音，實在不敢當，說得我都不好意思了。打開妳的留言版，映入眼簾是現今的影像，腦海裡卻是小時候活潑可愛、聰明乖巧的妳。妳隨時都存著感恩心，我也只是盡到國家培育我、我盡心盡力培育下一代的責任而已。過去的無奈是環境因素，當時的生活就靠田園的稻作，所以爸爸不得不拒絕。妳今天主持節目，受到廣大聽眾的歡迎，彌補了當時的憾事了，對嗎？

與恩師的對話之三：

蔡老師：

我每天早起，五點半就起床，有時甚或更早，所以沒特殊事情，不會錯過節目時間。你每天主持節目，還仔仔細細詳閱各方留言，一字一句清楚回覆，敬業精神值得稱讚，不要有壓力喔，求學時期是師生關係，現在是至友，甚至我也有在妳節目中需要學習的。

立玲：

現在人浮於事，不努力會被淘汰。我現在可是公司最老的主持人，長江後浪推前浪，不專業及敬業怎行呢？不過，被老師讚許，還是挺開心！想到小學時，去跟老師領蓋上「獎」的方形小紙片（畫圖紙切割的），集多少張可換獎品，我的鉛筆、橡皮擦、墊板文具都這樣取得的！這個工作可以讓我不斷看各類的書，您知道我調皮搗蛋，不像女生，常問一些有的沒有的問題，正好可滿足我的好奇心，過了這許多年，還樂此不疲。也是蒙上天厚愛，遇到很多包容疼惜我的人，給我自由揮灑生命的權利與空間，現在我心存感恩，珍惜這一切！

遇見心靈導師

夏本清老師是從行政院秘書處退休的，一直是一位身心靈導師。每週兩次晚上七至九點為我們上課，上課方式和一般靈修與靜坐課不一樣，他給一份A4大小講義，有一個主題及內容，例如下文：

感覺與情緒之一

「任何生命體在進行其學習歷程時，均必須依照宇宙生命序列。「每一個發生以及每一個存在都有其意義，由認識那個意義出發就不會痛苦，不會有煩惱。任何掙扎都是虛幻，與虛幻角力非常愚蠢。

「當掙扎出現時，生命已然被分割，好比一個感覺被知悉，當「意識知悉到一個感覺」的這個意識，實際上只是一個認識，認識一個被表現出來的形式。例如以眼看物，當意識知其為何物時，此物乃感官工具在進行全相掃瞄過程中，特別將某一片段抽取出來了，意識會抽取其中一片段的原因係在之前已然有一認識存在。「認識係一種固定，而固定就是停止，只有停止會固定，也只有固定才會停止，因此，當固定發生時，停止就在發生。

「意識有了認識就是一種固定，對表現形式的認識只是意識在記憶與物之間建立了捷徑，或者是說頭腦中有一個等號、一個標記。「對整體生命而言，一旦意識出現了認識，認識就將存在切開，而被切開的部分根本無法存在，好比企圖要將波浪由大海分開來，波浪與大海係整體存在，若沒有大海將沒有波浪，那麼，波浪要和大海對抗是不必要的。

「生命和身體係整體存在，若企圖以身體和生命對抗是無意義的舉止，那個麻煩是不必要的，一切的掙扎都顯現出愚蠢。」

我們可以針對「感覺與情緒之一」的主題內容，不理解的地方發問。每次上課都有不同主題，學生與老師對話九十分鐘後，靜坐半小時，由老師口述帶領，結束後做簡單舒展身體動作，每週四是我固定去上課的時間，至今已近二十年，敬佩的是上課期間只有學生缺席，夏老師從沒遲到休課過。

為何會這麼認真上課呢？對我來說一、是不用繳費，老師說心靈的事每個人原本具足，他只是開啟我們原本有的東西，怎能收費？二、是上課自由自在，沒有任何規則與限制，也無需一堆禮數，我們可以吃東西、隨意走動、帶小孩、講電話，當然同學們都能自制。三、是可隨意發問，講義外的問題，無論工作、感情、人際關係、職場競爭力等，要求是只能是自己問題，不批評、不談是非。當然也包括形而上的奇異問題，上課有趣。

說話內容語彙不能有「如果」「可是」「但是」「不過」，我的正向思考能力，就是如此被訓練出來的。

我們靜坐沒有固定姿勢，以自己最舒服的姿勢或躺或坐，在老師帶領下，有人睡覺打呼，因為自己不受制約及愛發問的個性，這樣的上課方式最合適不過，久而久之，養成很多好習慣，成就現在的我。

夏老師教的法門受用無窮

夏老師告訴我們一句話：「向生命歷程中的貴人說感恩！」他說：貴人不是求來的，而是遇見的，一旦遇見，就當珍惜一輩子。如果人生是一場旅行，我們在途中總會遇到形形色色的人，有人跟隨、有人離開，但仍感恩有他們的同行。不管是讓我們喜怒哀樂、是滿腔熱血、是喜悅、還是感謝。這些人都是我們生命歷程中的貴人，所以我常在練完功後深深一鞠躬，向我生命旅程中的貴人道聲感恩，謝謝幫助我，有您們真好。又說「得了不該得，會失去該得」，「果」現前，你就知道了，命中無時別強求，宇宙是平衡的，得了名位、財富、權利，你要用什麼交換，健康、不平安、吃不下、睡不著、兒女煩惱、或再吐出來？見證了，遇到了，就信了，因此讓別人欠你，別欠人，才是好作法，我們夏家班同學各個都過的越來越好。

夏老師精句

「每一個生命有每一個生命的意義，每一個角色有每一個角色的學習！」

「不一樣的生命有不一樣的學習，任何的學習只是不一樣而已！」

「不一樣沒有好壞美醜的劃分！」

「肯定自己，不否定別人；肯定別人，也不否定自己！」

「人們想用發現別人的缺點來表現自己，但他們用這種方式表明的只是他們的無能。」

「所有的評斷都是自己內在的呈現，只是評斷者以為說的是別人，沒覺察而已！因此學會尊重不一樣！」

開心學佛

時光飛逝，都快四十年了，我是照印師父第一個收的徒弟，法號「耀基」，光耀基礎的涵義，當年師父說我塵緣未了並沒有為我剃度。

師父已退隱，而我還在塵世玩樂

之後，我在塵世流浪打拼，經歷人情世故、生離死別，而師父與一群師兄弟胼手胝足，非常艱辛的創立修行寺院「普宜苑」，位在故宮博物院附近山上，風景秀麗，清新雅致，目前有三十多位出家師父，信徒眾多，具相當規模。

再見師父時，他幽默、風采依舊，更具智慧；目前退隱，不管院務，而我還在

塵世玩樂。若當年師父為我剃度，今天可能成為真正的「耀基」，也不會禍害千年！感恩師父慧眼，讓我塵世浮遊，自知努力、盡本分、沒浪費生命，回歸本性，了了該了的緣。何時歸家，聽天由命。

在山上的日子，師父永遠給我自由，不設限，少用佛教教條約束我。禁語時，我想說話，他陪我到外面說；浴佛時，我以為要給佛從頭淋到腳洗澡，他輕聲提點：「要從肩上淋起」。我總是問東問西，他總是笑笑回應。他身體不好，至今還撐著。他是我願意開心接觸佛法的師父，我因為太多戒律，怕不小心就觸犯，但他讓我隨心所欲，輕鬆學佛。

廣播生涯美好了我一輩子

當我考進正聲廣播電台當播音員時，父親非常不高興也不諒解，他不知道這是什麼職業？什麼公司？會不會倒了工作就沒了？我們有一段時間不說話。他非常了解，這個他有點溺愛的小女兒是無法用強迫的手段改變的，他只有用銳利的眼神表達他的不贊成。他說，可以不上班，再好好讀書、考公職；但又看我那麼堅決、認分、起早趕晚，工作得興高采烈，忙得不亦樂乎，同時將一半薪水交給母親。

記憶深刻的一回是參與選情之夜轉播，工作到半夜十二點多回家，第二天又起早到電台值班；他比我早起，穿好衣服，等著開車送我到電台。看到他，我嚇一大跳，睡意全消，手上拎著的衣服都差點掉下來。一路上，我們都沒說話，心情忐忑，一到電台，也沒跟他說謝謝，就衝進台內。下班時，在回家的路上去買了一條菸，放在他慣用的抽屜裡。就這樣，我感受了他的支持。

父母終於肯定了我的選擇

一九九五年，在二二八和平公園，我企劃製作、主持一場名為「台灣五十．大家有喜」的大型活動，是慶祝正聲調頻台週年慶及台灣光復五十週年。此一活動名稱是為能取得更多資源及贊助，內容有青山、吳靜嫻、葉蔻等歌手唱歌，還有李棠華特技團、鄭榮興校長帶領的歌仔戲團表演；現場送壽桃、有獎徵答、還有甄選與正聲同一天生日的週歲幼兒，送他們金戒指。當天吸引眾多民眾參與，把公園舞臺周邊全擠滿，並有多家媒體盛大報導。

父親帶著母親及孫子三人，搭一早的火車，從宜蘭到台北，到了現場，他們看到滿場的人及穿著禮服、拿著麥克風站在舞台上的女兒，這是父母第一次參與我的工作。雖然我要專注主持，可是我的眼神不斷的在人海中找尋父母的身影，當見到他們燦爛的笑容，我知道，父母是驕傲的、欣慰的，他們終於肯定了我所選擇的工作。

遺憾的是，隔年回故鄉宜蘭運動公園舉辦跨年晚會時，父親已無法參與。晚會結束後回家，看到客廳的靈堂，我放聲大哭！當廣播節目主持工作是我此生選擇的最美好的一件事，也美好了我一輩子。

虛懷若谷的明師譚繼和教授

譚繼和教授，一九四〇年生，重慶市開縣人，一九六五年，在四川大學歷史系徐中舒先生指導下，以先秦史專業副博士研究生畢業，後在中國近代史研究所範文瀾先生《中國通史》編寫組工作。現為四川省政府文史研究館館員、四川省社科院二級研究員、博士後導師、四川省歷史學會會長、四川省學術帶頭人、終身享受國務院特津專家。主要著作有《劉沅十三經恒解箋解本》、《巴蜀文化辨思集》、《巴蜀文脈》等。

他是一位學術淵博、溫文儒雅的歷史學者，認識他是前中華資深青商會總會長彭宗德先生介紹，十多年前，我獨自到成都旅遊時，他請學生帶我到三星堆遺址遊覽，他心胸寬大，我們只談文化歷史，他文思泉湧，記性了得，令我佩服得五體投地，也給我留下深刻印象。

人家是用生命在做學問，隨時傳給我很多文章著作，也跟我談為人處事的道理。他說：「心若止水，思若湧泉，乃學問之道。心若熱腸，情若溫泉，乃為人之道。」譚老的評論永遠切中核心，不教條刻板，從此往來成都，必訪譚老！他也因此成為我的另一位明師。

行善的人有天神護佑

多年前，採訪李嗣涔教授有關超能力的相關研究與實驗，當時，有一位高小妹妹和石朝霖老師是李教授的研究對象，證實意識與心識可以影響腦波，進而會讓念力強化，我親見這奧妙的現象。例如，髮夾置於名片上的移動、牙籤可以在手背上豎立起來、手錶秒針可以停止不前等。

進入寂靜虛空中的經驗

李教授說：「人有超能力，有三個可能的途徑：一是天生的；二是發生意外事故，腦部受到重大撞擊，突然產生的；三是練氣功。」

因緣際會，我開始練氣功，學靜坐，應用意識創造實相。有一回在台北國父紀念館運動練功，可能過於專注，突然進入另一個境界，聽不到外面吵雜的聲音，完全進入寂靜虛空中的經驗。另一回是在跑步機上，閉著眼睛，扶著把手，以四十五分鐘走五公里的速度，領會了騰空滑行一點都不累的快感，因此了解，達摩一葦渡江是可能的，所以近二十年，至今我還是繼續練功，至少身強體健，直覺力變敏銳，心境平和。

寧做簡單的人

二十多歲進工作職場，就常被稱呼為女強人，雖不喜歡，但在職場近四十年，依舊離不了被稱為女強人。我思索著自己，一個女人，一份工作，一份生活，做該做的，也不過負責盡職而已。我一直胸無大志、沒企圖心、不喜應酬、不想攀緣、不說假話、不虛偽，怎可能是女強人？我定位自己是簡單的女人，如同我的姓，若有所強，也只是保護自己不被傷害而已。

我訓練自己有判斷力、直覺力、想像力、創造力、思考力、專注力，堅持力，在自己身上下功夫，同時以不傷害別人、不讓別人吃虧，寧願人欠我，我不欠人為生活準則。每回遭遇被不公平對待及危難時，總是化險為夷，有貴人相挺，如今平安過上好日子，確實如李嗣涔教授說的，「行善的人有神佛（天使）護佑。」或者說，我是神佑的人。

三、奇妙的緣份

緣分就是如此奇妙，無論何種形式，
請善待所有發生的緣分，最終受益的一定是自己。

與陳老師相識

宜蘭舉辦「童玩節」初期，徵調很多學校的優秀教師參與，廣興國小陳浪評老師是其中一位。他是兒童文學家，著作無數，他編寫的台語辭典被教育部引用。陳浪評老師是五年級的級任導師，因為被調去支援童玩節，當時陳仁生校長剛從大進國小調廣興國小，與我是舊識，就打電話給我，希望能幫忙代課。我是宜蘭縣甄選合格的代課老師，也曾經教了兩學年，但那時我已在電台工作，於是與同事情商調班，在不影響電台工作下，同意幫忙。代課過程非常順利和愉快，同學們有禮貌、有紀律且認真學習，雖然級任導師不在，成績表現依舊亮眼。代課結束後，我寫了字條留在桌上，表達對陳老師的欽佩，是他教學用心，我代他的課才能這麼輕鬆，並祝福他一切如意！

感覺有個溫暖的長輩在旁

一九八八年七月，我被調往台北總公司節目部工作，接到一封由宜蘭台轉來的信，原來是陳老師寫來的，他用稿紙寫了很長祝福與代課期間時孩子們的反應，我看了非常高興，沒把孩子的程度拉低了。

從此以後，就常和陳老師經常書信往來。在我父親突然過逝、情緒低落時，他給我鼓勵和關懷；我離婚時，他給予指導，教我因應之道，並提點孩子的心理問題，一路陪伴並給予引導。雖然我們不常見面，但我感到無助時，總感覺有個溫暖的長輩在旁，讓我在人生低谷時沒有墮落。

小孩變醫師

二十多歲時，我常到羅東孔子廟看書，總會遇見一位穿制服的小男生在涼亭寫字。有一天，我靠近這個小男生，看他專注的寫字，且字體工整漂亮，就問他幾年級？他說四年級。我心想，這麼小的孩子，寫的字如此大器成熟，父母應該是受高等教育；再問他爸媽做什麼工作？他說，爸爸是國小老師，媽媽在高中學校當職員，父母規定他每天要寫書法、拉小提琴，他代表學校參加全縣書法比賽得第一名。我讚嘆這位乖巧聰慧的孩子，有這麼好的家庭教育，前途無量啊！

後來，他考上宜蘭高中，成績優異，再上陽明醫學院醫學系。一九九五年十月二十二日，我在二二八和平公園主持正聲調頻台週年慶及慶祝台灣光復五十週年活動時，這位陽明醫學院醫學系的高材生抱著一束花，跑到舞台現場給我獻花（他喊我「簡姊」喔），當下我感動得差點掉淚。

SARS發生那年，他還是榮總實習醫生，自願留院，待在感染科服務，他說，學醫就該如此。現在他成就非凡，是醫學博士、陽明醫院感染科主任及醫學院教師，現任榮總感染科主治醫師，他的名字叫陳昕白。

超級理化老師

有一位師大化學所畢業的年輕人，一心想當老師，卻沒通過教師甄選。我透過教育界的朋友幫忙，為他找代課老師的職缺。

全國最優良教師獎

幸運的，他被推介到某國中代課，或許是教學認真，人緣也好，被學校教務主任賞識，就推薦他到惇敘高中任教。他在學校用自己的方式教學，帶領學生參加各種活動及比賽，內容活潑生動又創新，因此屢屢得獎，被學校和學生評為最受歡迎的教師，也得過台北市 Super 教師獎，所以就一直留在惇敘高中服務。我們彼此都忙，也沒怎麼聯繫。直到幾年後，他得了一個很大的獎，就是教育部頒發的「全國最優良教師獎」，還有獎金幾十萬元；他的感言是，感謝我這個貴人幫助他，讓他有機會到學校教課，才有一連串美好的際遇。後來他打電話給我，請我和當年推介他到學校擔任代課教師的教育界友人吃飯，表達感謝之意，當然我們都與有榮焉。
優秀的人肯定不會被埋沒的。他把科學變有趣，現在是教育部課綱審議委員會初級化學撰稿委員、中央大學科學教育中心講師、遠哲科學教育基金會命題委員，他就是被孩子們稱為「Super 理化老師」蕭志堅。

陳浪評老師給我的信裡從沒提過他的孩子。後來，他在一封信裡，很完整的介紹他的孩子：老大是女兒，已婚；老二是兒子，念醫學院；老三是女兒，在工作。當他提到兒子名字叫陳昕白時，我還覺得奇怪，我也認識一位陳昕白，怎會如此巧妙；經過查證，確認是同一人。蕭志堅老師就是陳浪評老師的女婿。
當年，他只是要我多關照這幾個孩子，而我也只是投桃報李。
原來，緣分竟是如此奇妙，無論何種型式，總會相遇，留下永恒的善緣。

比親哥哥感情還深的郭禮祝

小時候，常有一位大哥哥來家裡，家裡有事時，例如：修整房子、農忙、園子裡草坪要除草施肥，或媽媽要買菜、看病、拿藥、缺人手幫忙時，他都在。看起來像我家長工，又少在我們家吃飯，總是沒有代價，不計得失、無怨無悔，協助我們家大大小小的事。我的姪兒、姪女們讀小學時，也寄放在他家；爸媽生病住院，甚至到往生、處理後事，都是他陪伴在我們身旁協助料理。有他在，我們家一團和氣，和樂融融，他不是我家的親戚，他是我哥的好同學郭禮祝。但鄰居阿姨們都說，他像我媽的兒子。

郭哥哥家就是我的娘家

我弟過逝後，我媽身體就一直不好，我在台北讀書時，也都是他隨時照顧著，媽媽有事，一定有他在身旁，媽媽要買魚買肉，一通電話，快速的就聽到他的摩托車聲出現在家門口。郭哥哥娶了一位賢淑的嫂嫂，溫柔善良，勤儉和氣，笑容可掬，待人和藹。每年過年，除夕夜年夜飯吃完，我們即刻就跑到他家繼續玩樂，兩家情誼不只深厚而已。

情誼勝過臍帶的連結

我在台北工作多年，宜蘭家裡發生什麼事都是他第一個通知我，但壞事多、好事少，不是媽媽摔了，生病住院了，就是姪女車禍，所以我一接電話，聽到是他的聲音，就需要深呼吸，冷靜一下情緒，來接受壞消息。直到我的雙親都過逝後，現在郭哥哥家就是我的娘家。

為什麼我都沒提到我自己的親兄姊們？我在家裡排行第五，弟弟是老六，十三歲時生病往生。小時候，大姊、二姊已離家工作，我國中時，她們都結婚了，回娘家時間也短，我們相處與見面機會不多，所以感情不深。哥哥排行第三，他與嫂嫂又與大姊、二姊們處得不融洽，父母過逝後，又為了一點家產起衝突，彼此不相往來。三姊與我長得最像，她在國中畢業後，就離家到處流浪，也甚少音訊；她發生車禍後，才與家人有來往，但感情疏離；三姊往生，也只有我在處理。我們五兄姊在父母過逝後已多年未見，我也不知何以親兄弟姊妹的情誼竟如此淡泊，我無福享有他們的溫情與關愛，這是此生最大的遺憾。

月有圓缺，人有生死禍福、緣深緣淺，失與得是平衡的，我還是有個哥哥與嫂嫂的關照，我與郭哥哥、嫂嫂的情誼，勝過臍帶的連結，更是此生最大的福分。

聖光、桂美與洪鏘敏先生

我與聖光、桂美是在鐵路局工作時的同事，分屬不同單位、不同部門，卻成為無所不談的莫逆之交。她們都與家人同住，只有我離鄉背井，一個人在外租房，因此常邀請我到她們家作客吃飯，久而久之，她們家人都認識我，當然也把我當成一家人，有家庭聚會或活動，我都是她們家的一分子，有吃、有喝、有玩，讓我這個遊子享受家庭溫暖。

離開鐵路局後，我與聖光、桂美各自結婚、生兒育女，但依舊保持密切聯繫。聖光移居美國，也搬了幾次家，從東部長島到西部洛杉磯，因杜媽媽一直與聖光同住，九十多歲了，我總是期盼能見見他們，享受彼此照應的溫暖時光。桂美熱情、手巧，善於照顧別人，見面就有好茶、冰滴咖啡、冰醉雞、手工皂及天然酵素，享用不盡。這一生擁有這份深厚友情，且融化為親情，或許是前世緣吧！

後來我因母親身體一直不好，幾次昏厥，在家無人關照，於是決定辭職，搬回家，以便陪伴母親，所以參加了宜蘭縣代課教師甄選。當時，主持口試的主考官是縣府人事室主任洪鏘敏先生，他笑容可掬，露出好長一排潔白牙齒；我們相談不像考試，倒像聊天，一點都不緊張，他給我很高的口試分數，所以在五百多位考生中，我考第八名，順利取得實缺分發資格，於是回宜蘭任教。奇妙的是，職場上遇到的貴人洪鏘敏先生，在我考上正聲廣播公司工作而被調到台北總公司時，他也就在我公司隔壁的台企銀擔任人事主任，我們再續前緣，他還是那一副可掬的笑臉。所以說，結善緣多重要啊！

張姊溫暖的陪伴

張姐年紀比我大幾歲，笑容燦爛，輕聲細語，談吐優雅，她是友台資深會計主管。我已忘了我們如何認識，記得我曾開車載她，一起前往台中，慶賀我們共同熟識、優秀的前同事張曄升任Family台中電台台長。幾年後，張曄移民溫哥華，我還去探望過。

在工作上，張姐總是給我鼓勵和支持。她非常了解廣播公司管理文化，不時為我不平與安慰，在受委屈時，她就是我情緒的出口；我辦外場活動，例如講座、激勵課程、演唱會，主持，她都會來捧場、參與、協助與指導；即使退休了，她還是沒停止關懷。在她眼裡，我就是那麼優秀，或許我能安穩的待在廣播界服務至退休，應該感謝張姐一路溫暖的陪伴。

深厚同學情

Christina Wu 是我小學同學，在同一個躲避球班，我們感情很好，還有一點複雜的親戚關係，她美麗、矮小瘦弱卻有著超強意志力，母親早逝，與父親一起照顧弟妹。讀書時，到處打工，自付學費、生活費，還要拿錢回家；專科時，在台北讀書，離家背井，生活清苦。為減輕她內心的寂苦，我們常寫信互相打氣，絕不能被生活擊倒。她勇敢又進取，且有一顆善良負責的心，照養多病的父親，扶持弟弟、妹妹成家立業，養了幾條狗，也養了流浪貓。自己雖也體弱，從不氣餒，勇敢面對生活，溫暖的善待家人與朋友，現在她過著幸福快樂的日子。

有一天，她打電話告訴我說哭了幾天，讓我嚇一跳，問原因，更讓我驚訝，於是當週就趕回宜蘭看她。她從破舊的箱子裡取出一疊污漬斑斑的信件，她說無意間看到多年前我寫給她的信，那時我們才十六、七歲，她一封封慢慢看，就淚流滿面，憶起當年的經歷，及我們倆的遭遇，是辛苦也是美好。我拿起這些自己寫的信讀了讀，才發現字體這麼好看，文筆也不錯，當時可能也看了不少書。我們又哭又笑了一個晚上，充滿悲傷與快樂的共同回憶。

超越親情的深厚友情

美玉、麗珠、梅珍是我專科時最好的同學，畢業後更緊密聯繫，連彼此家人都有著好感情，互通有無，彼此照應。我因為離家，獨自在台北生活，被照顧得最多，單親後，還一度住到梅珍家。當梅珍罹癌往生，留下兩個小一和小三的兒子時，我們也盡力照顧關心一下他們。每年，我們都會安排在各個家庭走動，一起玩樂，我們這一生相處的時間與深厚的友情，都超越了親情，感恩、感謝、感動，總是有這種福分享受許多無私的愛。如今孩子們都長大工作了，我們都要照護好自己，繼續安康開心過日子，有你們陪伴真好，祝福我的好友們。

四、職場遇見

四十年職場生涯，從未爭過自己的權益，但上天從沒虧待過我，從不知危險性，但也一直都安全無恙，至今還是過著豐盛平安的生活，真可謂「傻人有傻福」。

職場上曾也是紅人

我二十出頭歲就進入職場，在鐵路總局工作時，遇到一位學者型的長官，他是鐵路局第一位博士級主管。

一說到陳博士，他是留美土木工程專家，說話聲音不宏亮，但對工作要求與決策都是快又準，所以在他領軍下的工作團隊效率高、氣勢旺，我有幸也是他屬下一員。我沒任何背景，只因為他交辦事務，我都能在規定時間達成，因工作能力而被他肯定，也因他的信任而貼近核心，因而建立了我的職場自信。

在鐵路局的三年，我經歷各種工程建設，包括鐵路電氣化、東線拓寬工程、台北鐵路地下化、戰車經過路線、招標等多項核心業務，後來因不喜歡承辦招標業務，多次請求改派其他人未果而離開鐵路局。在鐵路局工作那段日子，我也是紅人！陳博士升任局長時，我已進入廣播媒體。

我的守護神

我考進廣播界，工作歷時最久，近三十六年，從播音員、導播、營業組長、節目行銷副理到台長退休，期間歷經九位最高長官，其中，高先生正直，涂先生仁慈。

涂先生知道我獨自養兒辛苦，每次見到女兒，總會給她紅包，女兒喊他涂爺爺。他總是在最細微處關照我，例如，當主管不讓我的節目參賽金鐘獎時，他交辦讓我主持的「正聲兒童科學園地」節目參賽，所幸入圍；當有人要我離開公司時，他要我留下來繼續服務，為申請設立調頻台寫企劃書、盡心力；調頻台週年慶時，讓我全權負責承辦活動的規劃與執行，即「台灣五十．大家有囍」活動，因活動圓滿成功且公司賺錢，讓我的能力被看見，我因此能留在正聲廣播公司工作直到退休。他就是我的守護神，雖然我們很少說話，他應該也不會知道，我心裡一直感激他。

上天派來的天使

遇到楊先生，或許也是上天安排的。那時我任導播，忙著辦「正聲兒童廣播營」每年兩梯次，每梯次四十名兒童參加，從課程規劃、師資、招生、執行、管理與結報，均一人包辦，忙得不亦樂乎。他新任正聲董座，觀察入微，很快調我到營業部，但我並沒有受過業務訓練，當然不情願，但他一個動作讓我心生感動：他知道我新購屋，且向公司借款十萬元，每月由薪水扣款，再加利息，他覺得員工有需求向公司借款還收利息，這不是在照顧員工，他向財務部提議免扣利息未果，於是他自行每月給我二千元補貼，我還倒賺幾百元利息。他調我到營業部看我悶悶不樂，每週多發三千元鼓勵我；說真的，我從沒拿過不是我賺的、額外的錢。他的舉動讓我感動，同時想回報，於是認真努力的去做業務。正聲第一場演唱會也是他交辦的，從場地、歌手、音響、贊助商，由我一人全部敲定，他才分配給各部門去執行。我想他一定慶幸沒看錯人，且提拔我到副理職位，而我為不負所望盡心盡力完成工作，業務越做越順心，曾經一年舉辦兩場大型演唱會，爭取到四百多萬元贊助款，雖然辛苦卻很開心，因為每完成一件大案，他都會給我一包獎金。

那幾年，正好我也把房貸還清了，他真的是上天派來的天使！

昨日事從此忘了

有人問：「正聲待了快三十六年，經歷九位最高長官，妳只寫三個，其餘呢？」我開玩笑的回答：「其餘都是想幹掉我的吧！」不覺一陣大笑！

因為我是基層，沒什麼影響力，只有認真工作，只是個性太直，不被長官喜歡。記得在C先生的年代，有一個決策，我認為公司會賠錢，其他同事也都在背後批評，表示不妥，但主管開會時都沒人提意見，我在知道之後，表達我的想法，卻引來一句傳話：「資深同仁不服管理，請她走路。」而且連傳兩次。有人說是C先生說的，但我認為，他沒有對我不好，C先生的夫人對我的印象也滿好的，他應該不會要我走路。後來此案真的讓公司虧錢。

我的導播職位是在W先生卸任前升任的，他託協理問我三次，我均婉辭，因為我知道自己要什麼，眾所皆知，公司的人事升遷有時和能力無關，後來一紙公文下來，還是派了我這個職務。我跟他不熟，只有一次，他直接交代我負責開發氣功業務，沒想到成功又賺錢，他終於肯定我能做點事。

Q先生剛上任時，以為我是前任紅人，他人雖然溫和，但對我的態度有點不同，我還是努力工作，完成公司交付的任務，安然度過他的任期。他離開公司前，給我一個紅包，一句：「辛苦你了！」還是讓人感到欣慰！

調到營業部工作十四年，考績兩次特優，餘均甲等，唯一一次被打乙等，是在L先生年代。我問原因，得到的回應是「不能每年甲等」，而我知道，有人從沒拿過乙等，只能怪自己，諂媚的話說不出口。所幸，我還有一身本領。

做人比做事重要

職場人生複雜，往往身不由己，做人比做事重要。若無天佑，怎能安然下莊？一切都是磨練與經驗，心中永遠感恩。泰戈爾說：「有一個夜晚，我燒毀了所有的記憶，從此我的夢就透明了；有一個早晨，我扔掉了所有的昨天，從此我的腳步就輕盈了。」

昨日事從此忘了，今日起，享受開心過每一個現在。

培養好能力要勇於碰觸現場

曾經讀過一句話：「培養好能力的第一步，就是勇於碰觸現場。」我深以為然。我的膽識、自信與反應能力，都是現場造就出來的，播報現場新聞、主持現場廣播節目，接聽友 call in 電話，製作並主持大小型演唱會及活動，現場的磨練絕對是全面造就你的能力的關鍵。

應付好現場只有靠臨場反應

在電台主持節目，我們有稿子可讀，有流程表可看，但要應付好現場，只有靠臨場反應，因為現場常有不可預測的事件發生；例如：打噴嚏、來賓太緊張說不出話、有人上台不小心跌倒、來賓致詞過長、貴賓丟了重要物品、現場觀眾吵鬧、演出者未到、遲到或停電、地震，乃至如何帶動氣氛等等，狀況不勝枚舉。此時，主持人的臨場反應是否得體得當，對整個活動與節目的順暢、參與者的感受，都有很大的影響。

記得一九九九年時，我在台北國父紀念館主持中華文化藝術薪傳獎頒獎典禮，若照往年，坐著輪椅的孫運璿先生與陪同他的照護者，會被安排在面對舞臺正中央的走道上欣賞頒獎典禮，主持人會介紹他是這個活動的支持者。當時，我選擇走下舞台並走向觀眾席，給孫先生一個感謝的大擁抱。此時，全體與會來賓全場起立鼓掌，孫先生也激動的要撐起身體揮手致意，此情此景感動了現場所有來賓，有些人甚至流下眼淚，中場休息時，孫先生按照往例就會離場，但那一年是孫先生再回到會場全程參與頒獎典禮唯一的一次，也是主辦單位經常津津樂道的一場令人難忘而有感的盛宴。這個橋段，其實是我臨時起意的，我想到這位默默為中華文化藝術薪傳付出、相挺多年、從不缺席的孫先生，值得我們由衷感謝與尊崇，豈是主持人一句感謝就可表達而已，真心，永遠是最感動人的。這是我決定走向前去給他一個最大的擁抱的原因。

所以，平時的訓練和現場的經歷才能造就更多的能力，要增強多元能力，就別害怕現場歷練，如此而已。

一個強壯無形的團隊

二〇〇五年，公司換了一位新董事長，他是一位冷靜睿智的人，嚴肅中有一抹慈善，主管級同事每個人都戰戰兢兢，害怕這位新任老闆，因為他罵人很直接，唯我一如平常，做我該做要做想做的事，每天忙碌中帶著快樂。

有一天，他跟在我後頭，對我細聲說，整個公司就看我忙上忙下，一下辦兒童夏令營，一下辦氣功班，還那麼快樂。我只是笑笑，不知如何回應。

當年是正聲五十五週年，我就提議可以辦一場大型活動，例如演唱會；案子由企劃部提出，會各部時，每位長官都說不可行，理由是耗錢、耗人力，又怕沒人來，全案於是夭折！有一天接到一通電話，是這位新任董事長打的，但我聽不出是他，我說：「請問哪位？」他說：「我是董事長。」我回應說：「我認識很多董事長，您是哪家公司的？」他說：「我姓楊，叫楊〇〇」這時才回神過來。電話中他交代一個任務，要我去規劃一場演唱會。對我來說，這件事不難，因為我已幫很多單位做了很多場，於是一個人進行正聲第一場「風華再現」演唱會，從企畫案、歌手、場地、燈光音響及贊助商一手搞定，一個月後交卷。

後來擴大為年年舉辦二場，甚至全省各台遍地開花！我升督導、副理職位，也是他提拔的。

凡事都有一體兩面。有時愛你，其實也是害你；害你，也是愛你。我成為其他長官不開心的源頭，我在公司就一直面臨同樣狀況，所以從不在意。

常想，職場生態本是如此，做人比做事重要。年輕時，或許做些改變和調整，別那麼堅持，明白長官喜歡你，不行也變行；不喜歡你，行也可以不行，結局一定不同，也少受苦。也或許，經過淬煉、堅持做自己，才有此時的清明無憂。人生百態，進行該進行的，學習到才是自己的。

我們每一場演唱會至今都賺錢，也爆滿，我充滿感恩上天給我平安、健康、勇氣、能力並幫我排除各方障礙，快樂工作，能隨心所欲過生活，當有人誇讚時，都說我有一個強壯無形的團隊在幫助我，確實如此。

認錯反而輕鬆

職場霸凌時有所聞，我運氣算好，大多只有因「功高震主」遭忌；而我又不願與小圈圈沾邊，雖然清楚加入主流小圈圈可以吃香喝辣，犯錯不罰或輕罰。我從不介意直屬長官如何打我考績，因為太了解那與能力無關。就算辦活動得獎或業績好，我永遠不會有好考績。

早期父親曾為我準備一份厚禮，特別囑託轉給上司，我卻自己享用了。心想，一輩子也沒吃這麼高貴的水果，何況我是憑己之力努力工作，表現也不差，長官要整肅就隨他去，他喜歡你就什麼都好，不喜歡就算保持安靜不說話也有錯。只要我小心值班不犯錯，節目與新聞播報盡心準備，那是公開放送，好壞有聽眾公評，也有更高層長官收聽，個人給差評，聽聽就好。

我戰戰兢兢，認真努力的工作，在十位播音員裡，自評表現在中等之前，而行政班務全無可挑剔，僅有一回節目帶子播錯，被要求寫悔過書，因為終於抓到我把柄，還要召開人評會。

真需要這樣嗎？當然不是，於是我寫了錯誤發生事件的前因後果的報告，送到人評會，結局出乎意料，我沒被處分，卻處分前置幾位節目排播與相關人員，因為是行政疏失的錯誤在前，我只是執行他們下錯的指令，日復一日，我總是安然度過一次次的考驗。

為了保護自己不被傷害，我如同刺蝟一般，隨時展刺，但也怕傷了別人，所以盡量與同事保持距離，連離婚五年了，都沒有同事知情。直到接觸靈修課程、氣功，走入寧靜的內在，領會到認錯是一種能力，開始學習不要得理不饒人，學習有錯就認錯，沒錯也認錯。一回，有同事反應廣告問題，我說，是我的錯，他馬上態度和緩、快速解決，從此人緣更好，工作順利，自己身心也放鬆了。

與科學家面對面

主持「正聲兒童科學園地」節目時，是我工作期間最開心的階段，也是我因主持這個節目而自我學習快速又多元的時期。這個節目有兩個單元：「科學教室」及「小小廣播劇」。

我規劃了幾個科學主題，包括植物、航太、化學、高分子、紡織、電腦、鐵路工程、太空、天文、大氣科學等，邀請國內知名科學家、教授與資優班小朋友對談，成大航太所蕭飛賓教授、中研院化學所周大紓所長、台灣省博物館植物組鄭元春組長、台北科技大學紡織系系主任林和睦、台中科學館館長孫維新、高速電腦中心主任張善政（前行政院長）、高分子科學家鄧中信博士、人造衛星專家林美容博士、鐵路局陳世芳博士、陸毓熹博士等，都曾受邀上這個節目；播出內容同步在《國語日報》禮拜六出版的「科學園地」專欄刊出。

其中有幾位來賓讓我印象深刻至今難忘。

例如，成大航空太空工程學系的蕭飛賓教授，他在台南成大教課，我邀請他並說明是跟小朋友談航太科學飛機結構時，他一口答應，節目當天從台南搭飛機到台北，再轉搭計程車到公司錄音，抵達時已經下午一點多。我看著他矮小的身軀揹著一個沈重的黑背包，滿臉是汗，問他吃飯沒？他說還沒，我趕緊請同事幫我去買個麵包和牛奶，他說：「不用，可以馬上錄音。」但我還是請他先吃點東西，因為一次要錄四集，兩個多小時；我又請他先上洗手間洗把臉時，才發現，蕭博士的腳是不方便的，原來他是小兒麻痺症患者，他的毅力、親切、不計代價為我們兒童科學教育付出，讓我感動得差點掉淚。錄完四集，我請他簽收車馬費，心虛的跟他說：「不夠你的交通費欸，下次可以再邀您來嗎？」他笑著肯定的回答：「好啊！」當下真想擁抱他。

後來我更知道，他是國內設計無人飛機的先驅者，曾當選「美國航空與太空學

會會士」及「國際太空學院通訊院士」，成為海峽兩岸唯一擁有雙料殊榮的人士；他還獲得過一〇二年度國科會傑出研究獎，在科學研究上締造輝煌的成績。

留下聲音陪伴小孩長大

還有一位是中研院化學所的周大紓所長，我在邀請他時，他說他不會講簡單的化學概念，幾經溝通，他同意了，而且錄了兩次，共八集。他覺得有趣，也認為科學教育要從小做起。我把八集的錄音檔拷貝下來，給他留念。當時是卡式錄音帶，多年後的某天，我收到了一封信，原來是周所長夫人寫來的，她說：「周所長因為喉癌過世了，周所長錄音帶裡的聲音，陪伴小孩一起長大，錄音帶因為一直重播有些損壞，」問我，有沒有母帶可以轉成CD再給他們一份？會不會有版權問題？並致謝。收到信後，我請示長官獲准，馬上從舊資料庫裡尋找，將母帶轉成CD，重製了幾份，給她寄去。她收到後很是感激，我也認為做了一件有意義的事。

另一位陸毓熹博士正是周所長推薦上節目的，當時陸博士剛從國外回國服務，他到中研院演講，周所長很興奮的介紹他給我。陸博士還開玩笑的說，是不是他在中研院講得很幼稚才推薦他上我們的兒童科學節目？可見周所長是肯定並重視兒童科學教育的。至於林美容博士，則是從NASA（美國太空總署）回國服務的太空科學家。當時台灣要發展人造衛星，聘請一些國外頂尖科學家回國服務。我邀請她來談太空科學，小朋友們都非常興奮，可以面對面見到太空科學家，林博士也開心的與小朋友對話。

主持了三年兒童節目，也寫了三年「科學園地」專欄，我儼然成為另類科學家，這段時間的工作，我忙得充實又快樂！

有東方樂神美譽的音樂家方錦龍大師

二〇一六年五月二十日，因大陸青城派三十六代掌門劉綏濱老師的介紹（我是他收的第一個出身台灣的弟子），我得以與有「東方樂神」美譽的音樂家方錦龍大師結緣。

方大師當時在台灣，與我們近代水墨泰斗歐豪年大師，有三場大師與大師、萬象逍遙「琴與畫」的演出，為了讓我們聽友也能聽到大師的琴音，我特別邀請他到正聲受訪，方大師在行程滿檔中慨然挪出時間，真是讓我受寵若驚。

大師的生活哲學

大師為人不花俏、生活簡單、他有真正的大師風範，展現大道無形、無為自然的氣質。他走遍三十多個國家，上過幾次「春晚」，得過國內外無數獎項，能彈奏三十多種中外樂器。

三十多年的音樂造詣，無人能敵，演出的樂音，能震動、撫慰、療癒人心，引動人的情緒，使之平和、澎湃、安然。

我問他，這是如何做到的？他說：「平時打坐、練氣、靜心、喜歡獨處、領略孤寂。」更與聽友分享了自己的生活哲學七個「ㄐㄧㄥˋ」：「靜」，時時保持平靜；「淨」，淨身與乾淨；「徑」，清楚自己的途徑，勇往直前；「境」，往最高境界邁進，並完成目標；「敬」，保持尊敬之心，敬天地、大自然；「鏡」，鏡相反省；「競」，讓自己有競爭力。方老師的的七「ㄐㄧㄥˋ」通大道，胸懷宇宙天地。聽他一席話，真是勝讀萬卷書，獲益匪淺！

「得」是能力，「捨」是胸懷

方大師還說：「得」是一種能力，「捨」是一種胸懷。沒有能力的人得不到，沒有胸懷的人

捨不得。捨得金錢，才能收穫友誼，贏得更多的財富；捨得功名，才能贏得輕鬆，活得灑脱。痛苦是因為捨不得，幸福是因為少要求；憂鬱是為得不到而困擾，快樂是因為少欲不爭。捨得之妙，妙在微言大義；捨得，捨得，有捨才有得。

一席話，了知大師何以是大師；能與大師面對面深聊，是此生大幸。

生技專家陳子智博士

我專訪過台大植物所博士、中研院博士後研究員、曾榮獲五十項以上研發專利、現任益生生技董事長的陳子智先生，分享他研發「靈芝活醣肽」近二十年的成果。

陳子智博士研發的「靈芝活醣肽」，除了讓已九十高齡的父親多年氣喘的痼疾得以紓解，重拾唱歌樂趣，也幫助很多棘手病患，減輕他們的病苦。他說，研發是一條不歸路，在取得經濟部植物新藥研發補助及親友的支持下，他會繼續在免疫系統問題上，盡其能力，解除患者的苦惱，利益眾生。

用心上天都看得見！

訪談後，我有頗多感慨。其實，台灣有很多優秀的人才，默默耕耘，耗費青春與財力，專注發展自己的專業研究，當成果顯現，卻又面臨無法讓更多需要者認識而得到幫助的問題，研究者與行銷者都遇到法令規範上的困境。有時看起來，規範是在保護消費者，但從另一方面看來，也限制了需求者！只有鼓勵如陳博士者，一切努力與用心，上天都看得見！加油！

工作上彼此照護且緣深的人

在我的職涯過程中，常常會有一些能夠在工作上彼此照護的人，雙方一定是有很深的因緣，今生才會相逢。在這裡，我提出幾位特別讓我有感的人。

人生路上彼此扶持

周月綺（歌手小百合）：

周月綺就是「百合二重唱」的小百合，一九八〇年後，是台灣最知名的美音組合，出了二十多張專輯，分別得過金曲獎、金鼎獎、金龍獎。單飛後的小百合，以周月綺本名闖紅歌壇，另創自己的人生高峰。她溫文儒雅，說話輕聲細語，待人客氣謙和。

我舉辦外場活動（多為公益活動）時，只要邀請她一定參與，不計較演出費。我們因合作過多場活動而成為好友，也在人生路上彼此扶持。

簡文秀（聲樂家）：

簡文秀是名聲樂家，我們同是宜蘭人，又同姓簡，見面時特別親切。我舉辦「正聲兒童音樂營」時，她大力相挺，介紹最優秀的老師給我，讓我們的音樂營擁有不同凡響的陣容。

一九九四年，正聲調頻台FM104.1開台時，我們共同企劃及主持一個很不一樣的音樂性節目〈思想起〉，這個節目的特色是推廣「流行音樂藝術化，藝術音樂通俗化」的概念，我們用台語介紹歌劇，讓更多人能以通俗的形式認識藝術音樂。

後來，她成為知名科技業的董娘，一路關照我。她跟我說：「我們的交情永遠不需要客套話。」讓我心裡充滿了溫暖。

我的成名曲

紀露霞（台語資深歌手）：

紀露霞是老牌歌手，成名曲「黃昏嶺」，至今也沒有人能唱出她那種味道。她在正聲嘉義台主持過節目；一九九四年回到台北，繼續主持〈我為你歌唱〉台語歌節目。當時我主持很多外場活動，有來賓要求主持人唱歌，於是請紀姐教我唱「為著十萬元」、「爸爸緊返來」這幾首歌，這首「為著十萬元」，後來變成我的成名曲。

她說，我的聲音如此清亮，再經過訓練，可以當歌手，不唱歌可惜。其實，我不愛唱歌的原因應該是話說太多，想讓喉嚨休息吧！

演藝界的長青樹與典範

吳靜嫻（歌手、演員）：

吳姐親和善良、勇敢堅毅，非常努力，在演藝圈能保有自己的風格，生活簡單且持之以恆，不管旁人的評價，堅持做自己。

她至今還在表演、主持、教唱，展現的舞台魅力總讓活動受肯定和歡喜，她永遠那麼優雅、善解與好脾氣，是演藝界長青樹，也是一個典範！

我的活動，她肯定相挺，也和金彭、燕妮組成團隊支持我！

我要做自己

朱津寧（作家、演講家）：

朱津寧是名人、新厚黑學教主、暢銷書作家，也是知名的世界級演說家。

她看似女強人，心思卻非常細密。她說，我應該改造穿著與外形，成就一定更不一樣，但我說，我要做自己。我真是死腦筋！

她說，她回台灣時，很多人會請她吃飯，而她就喜歡跟我一起吃煮稀飯。她還說，我比她大牌，但跟我在一起就是自在。我知道她的感情世界、小女子的一面，她的友人很多，但稱得上親密的只幾人！

這位知名的女強人，已當神仙去了，但我懷念她開朗的笑聲！

快樂最重要

黃博士淑芳（藻類專家）

與黃博士淑芳認識，應該是在她任職台博館推廣組長時，那時是一九九四年。她外型看似柔弱，說話溫柔，總是滿臉笑容，不特別介紹，不知道她是台灣少有的藻類專家。近期她剛完成台博館委託撰寫的《海藻標本描述二百種》，她說：「撰寫過程中，上網查國際生物多樣性物種查詢系統，發現過去發表的海藻照片都被收錄，甚至有三十多張被列在代表物種描述的第一張，甚覺榮幸。」海洋大學林琇美教授為感念她對台灣海藻的貢獻，特別將研究的海藻以她的名字命名，而這種海藻用分子生物鑑定為台灣特有的新種，可見她的努力！她同時也是當年少有取得潛水夫執照的女性。

一九九五年，我們聯合一起在二二八和平公園舉辦台灣光復五十週年慶與正聲調頻台週年慶的活動。我們同年，她比我提早五年退休，退休後，學太極、帶讀書會，生活充實且快樂。我們有共同的信念：「快樂最重要」！

馮清皇（前北市府教育局副局長）：

人的緣分是很奇妙的，與馮清皇先生認識，是在他擔任台博館長機要秘書時，我們在二二八和平公園舉行的台灣光復五十週年慶大型活動中有了一次的合作。清皇點子多、活動力強，加上我也是天馬行空、不怕挑戰，即使是新的領域也會嘗試，覺得滿契合的。

他一路被長官賞識器重，調升台北市教育局科長、南湖國小校長，一直到教育局副局長，其間我們只電話聯繫，也不曾見面！再見面時是蕭志堅老師榮獲教育部職校創意教學工作創新教學金質獎的時候。距離上次見面，已經過了二十多年！

蕭老師說，我和清皇副局長是他的貴人，在高雅的「邊田莊」請我們吃飯，這家餐廳的大廚汪先生得過世界廚藝大賽冠軍，正是蕭老師的學生，可謂名師出高徒。

朋友們，時光飛逝，要珍惜緣分，活在當下，開心過每一天啊！

祈福時一定要放進的人

張寶誠（中國生產力中心總經理）

張寶誠先生，我尊稱寶哥。他任職經濟部工業局時，只要我辦外場活動，他總會支持或參與；後來他轉任中國生產力中心（CPC）總經理至今。雖然並未經常聯繫，但彼此總會關注對方。

年終時，寶哥會藉機邀請聚會，也曾邀請我到 CPC 授課，談行銷，給我機會，強化我的自信。我調宜蘭台任台長時，他也不忘送花致賀；我退休後，更安排時間跟我吃飯。

他一直是我職場上的貴人，是我心裡永遠敬愛與感恩的寶哥！

祈福時，我一定要放進寶哥，願他安康如意。

用「心」做行銷

二〇一二年的某一天，我接到中國生產力中心總經理張寶誠的電話，要我去幫他們上一堂課。

我受寵若驚，以為是跟廣播、聲音的表情、說話等有關的課程。寶哥卻說不是，而是與行銷相關的主題。我隨口問：「聽眾有哪些人？」他說：「都是企業家和老闆。」於是我馬上回絕他，回應說，那不是我的專業，我做廣播行銷也不過幾年時間，這些老闆們各個身經百戰，每一年的營業額都超過好幾億，都是行銷高手，我怎可野人獻曝？寶哥以他清晰的語調，善於溝通的口吻說：「我要的是沒有受過專業訓練的行銷高手，你只要講你的行銷方法即可。」於是，他說動了我。

當我要做一份企畫案或寫一份報告時，我從不去看別人的範本或書籍，因為我不想被別人的觀念影響，或是變成抄襲別人的想法。我要以我自己的認知去描述、去製作，就像我到任何地方旅行，我不會先看當地的介紹，我要自己親自體驗。

表達自己的認知

我為這一次的演講寫了一個大綱，題目是：用「心」行銷，還請女兒為我做了一個PPT簡報。大綱是這樣的：

一、我做行銷的因緣（五分鐘）

二、認識行銷（五分鐘）

行銷目的：讓大眾都知道，進而得到參與或回饋，而達到銷售獲利，提高效益。

行銷種類：媒體（電視、報紙、網路、廣播…）、DM、…。

行銷方法：設櫃、通路、一對一銷售、人際網路、活動（記者會、演唱會、比賽…贈品）。

三、行銷的認知（十分鐘）

觀念：行銷以正念為本，一定成功（不做怎知自己不會做、正念）。

態度：誠實是行銷最大的本錢（有德自得、無德亦無得）。

想法：行銷其實很EASY（做法比說法重要）。

行銷好好玩：讓行銷趣味化（快樂做、開心做）。

所有難題都是突破的關鍵。

四、自我條件（十分鐘）

身體健康（運動習慣）。

從自己的產品或自己的身上找優勢（熟悉）。

學習以補不足（修正及提昇）。

開放心胸，接納不同（才不錯失機會）。

五、如何做行銷（十分鐘）

每天睡覺前，即躺在床上時，告訴自己：「現在就是一天的開始，我在各方面一定更好、更好和更好，感恩所有幫助我的人，謝謝！（激勵自己，強化信念）。

上班途中，搭捷運或公車時，或在辦公室坐定時，三次深呼吸全身放鬆，眼睛微閉，觀想白色的光像瀑布灑下（可穩定情緒，不受外境紛擾的影響）。

與人交談有五不：（1）不談政治、（2）不談宗教、（3）不談是非、（4）不做評論、（5）不抱怨。

了解客戶、了解自己（融會貫通）、開始進行。先了解自己能為客戶做什麼？
認識客戶要什麼？以不讓客戶吃虧為原則！
進行了、努力了、用心了，就「三忘兩放」：忘物、忘名、忘利，放下、放輕鬆。
結果一定比預期好！
認知客戶是發薪水給你的老闆，他賺錢，你就賺錢。

結語（十分鐘）

運用心靈的力量，事半功倍。
「用心」，上天看得見。
快樂最重要。
分享與共享利益，好處源源不絕。
做人與做事業，法門相通。
自己好，週遭都變好（當結果不如己意時，先調整自己）。
凡事感恩。

七、雙向溝通（十分鐘）

這是我第一次班門弄斧，與企業家談行銷，後來其中有幾位也成為我的客戶，這是寶哥給我的機會，真是感恩。

歡樂長青園家族

因為長期聽我的電台節目，後來發展出一班經常互動的聽友，彼此之間已經產生深厚情誼，我稱之為「歡樂長青園家族」。

慶幸有大家的支持和陪伴

歡樂長青園家族的班長是黃家平、碧玉夫婦，副班長分別是村田、乃玟夫婦，家弘、文慧夫婦，以及陳世揚等三組。成員則有蘇秀蓮、秀真、秀英三姊妹，陳琇美、琇華姊妹，銘勳、刁先生、苡鈞、鳳梨、金珠、開三、淑熙、麗生、悅治、淑女伉儷、寬寬、玉瑩、林聰、家驄、節子、佩芳、秀涵、英蘭、彩蓮、彩蓉、麗華、義唐、金月、義鴻、台電阿榮，淑霞、添富伉儷，David Cathy 夫婦，淑安與王教授伉儷，還有擅長攝影的羅大哥等。以上幾位經常見面也成為好友們，還有許多位記得臉孔但不記得名字卻經常參與活動的聽友們。我真的慶幸有這許多長者們支持和陪伴，讓我覺得這個工作非常有意義。

我們的班長黃家平總是負起策劃、聯絡、照護的責任，規定聽友間不能有複雜關係，如財務借貸、情感糾葛，參加集體聚會的所有費用均攤或各付各的。多年來彼此都有共識，大家快樂相聚，互相關照，相安無事，感情深厚，已不是聽友而是朋友。班長夫人碧玉銀行退休，一副好歌喉是合唱團女高音，個兒長得靈巧，笑容甜美燦爛，炒米粉可真好吃，永遠是班長的後盾。

我在線上主持節目的動能

每一位聽友都有自己成長經驗、歷練和專業，我們彼此分享生活、理財、養生，我們的老年生活都豐富而精彩。

像村田哥與乃玟夫妻熱誠參與和服務，世陽總是默默的照顧大家；還有一位忠實的聽眾韓大哥，現在八十三歲，寫了一手好書法，從行政院退休後開始聽我節目，他每次都說，要感謝我帶給他健康和快樂，每次聽友會都一定來捧場，下雨又濕冷的天，他還是來了，看到他都很感動，這就是我還在線上主持節目的動能。

蘇老師則是一位資深的推拿師，七十歲，是虔誠的佛教徒，常年吃素，他說曾夢見我和他的因緣，從此成為我的照護者，是我忠實的聽眾。他曾到美國進修一年相關學科，有針灸師執照，對人體骨骼與經絡結構瞭如指掌；他的推拿手法與眾不同，治癒很多患者，其中不乏醫生、官員、公務員、外交使節等，不重複計，近九千餘人。他行事低調，受邀參與脊髓醫學會報告新的推拿手法，被正統醫學界應用且納為己有，也不計較。

當我筋骨肩頸疼痛，喬一次就通體舒暢，且從不收費。我一生貴人多，蘇老師是我身心的照護者。

我製作主持「歡樂長青園」節目近十四年，聽友中的許多位長輩，身體康健又多才多藝，年輕時在職場叱吒風雲，名氣響亮，老了能寫能玩能創作，心胸寬闊，我說的一位就是黃家驄先生。他是早期老三台時的台視成音工程師，任何大型轉播從沒缺席，例如總統就職、雙十國慶，因此領了無數獎項。他有一位知名的弟弟是星座專家前輩黃家騁，正好也曾是我來賓，每回聽了節目，有靈感就寫詩、寫笑話分享，我會在節目中講他說過的笑話，我想，他聽到一定很開心的，所以不管下著冷雨的天氣，七十八歲的他還是要把資料親送到公司拿給我。我真的被溫暖了，因此，我也期待我的節目能溫暖別人。

二〇一七年十一月十八、十九日兩天，正聲公司在台北中山堂舉辦盛大的「好齡感生活節」活動，柯媽媽、柯爸爸是我們免費代言人，我代表公司親自接待，並到新竹接兩老。活動非常精彩，熱鬧歌舞與踩街，雖是陰雨天，依舊不減聽眾的熱情，當場我見到了九十多歲的李媽媽、八十七歲韓大哥、蔡小姐，蔡先生、賴先生、黃女士有的記不得名字和姓氏，他們都特地來捧場且要見主持人本人，李媽媽握著我的手，哽咽的說聽節目很久了，非常想看到我，他們總期待見到我的機會，每次都對我說感謝，聽節目帶給他們更寬廣的人生觀。

有一天上午，來了一位聽友，探詢首次舉辦的「英國熟齡遊學團」的相關問題，我問她貴庚，她說八十，隨即眼眶泛淚，告知剛辦完離婚手續。我望著她瘦弱卻堅毅的面容，有些同情，但也佩服這位勇敢的女性，她說自己身體硬朗，有體力可以參加我們的遊學團，且經濟沒有問題，只擔心自己無法融入團體。我說，這是台灣第一團老人遊學團，我也沒經驗，但應該會是一個好玩的旅程。

一個到了八十歲勇敢做自己的長者，為了證明她可以，現場展現一下平日練功運動的動作，以證明健康沒問題，只見她身手靈活、思緒清楚，我默默觀察著，並聽她訴説遭遇，心想，我怎能拒絕她尋夢的權利？不管最後她是否決定同行，與我們共同學習，我都佩服她的勇氣與堅毅的精神，面對她自己的人生。我請她留下電話和地址，雖然最後她沒有成行，但也給我留下深刻印象，祝福她安康快樂。

我二十六歲進正聲當播音員至六十一歲退休，我將自己定位為社會教育工作者，初衷不變。節目停了，金珠説沒能再聽到我的節目像丟了什麼？有很深的失落感，聽了好感動。一生廣播生涯能擁有這滿滿的關愛和支持，心中滿滿的感恩，祝福我親愛的聽友們：要永遠健康和快樂喔！

增加感情與黏著度的聽友會

我們的聽友會好精彩，與聽友面對面，了解聽友的層次及需求，同時建立互動，藉以增加感情與黏著度。

多才多藝的書法家丁錦泉老師

二〇一四年十月，我邀請到多才多藝、滿腹經綸的書法家丁錦泉老師，談文創、老趣、老人學習及傳授真正書法精神、筆法，丁老師更邀請他的優秀學生亞運太極拳冠軍詹明樹老師，傳授太極養生，讓大家度過一個豐富的時光。整整三小時，大家興致昂揚，快樂豐富；散場時，我們還準備了許多小禮物，讓聽友帶著工研醋的咖哩、陳潮宗醫師的早餐包、台酒的飲料等伴手禮，笑著離開，所以聽友總是期待下次再相會

二〇一六年一月二十二日，寒流來襲又下雨，因報名超過百餘位，情商借用漢儒文教基金會場地，天冷，我們還是熱鬧、溫暖相聚。Angel Life 芳香醫護研

究學校林麗瓊院長分享她的專業，介紹精油和香草的妙用，與生命靈數解讀，林院長帶了很多種植物精油，現場演示，內容精彩，全場百餘位聽友全神貫注，學得很樂，那次的贊助廠商有工研醋、大黑松小倆口、葛蘭蒂生技等。

如何開啟內在生命之光？

我也策劃靈修課程，因為我自己也學過初級班，受益無窮，於是二〇一六年九月二十三日的聽友會，主題是「光的課程」，如何開啟內在生命之光？邀請台灣靈氣文化研究協會創會理事長、喜馬拉雅生活空間執行長、資深靈氣與光的課程莫雪子老師，帶領我們開啟自己內在之光，走向快樂、健康、平衡的生命大道。

那時，莫雪子老師帶領大家進入光的奧秘中，精采介紹所有脈輪所應用光的顏色及功效，並引導靜坐冥想，啟動光的能量，讓每個人在遇到身體不舒服或情緒波動時，都能把光的能量應用在生活中。

「光的課程」是一種心靈課程，由杜恒芬女士翻譯自美國東尼莫珍女士而引進國內，至今已三十多年，習修者眾，應用光的能量，讓我們生活更順心快樂和平靜。我在十多年前，因同學梅珍的關係，認識了莫雪子老師，好奇心使然，也去習修「光的課程」。之後，我經常運用它，至今順心且平安。

我也在廣播節目中邀請莫雪子老師，為我們講解簡單明瞭的初級次運用，並在聽友會上，讓莫老師帶領大家實際運作方式。這是一種奇妙的經驗，生命能量有無限可能，給自己有更多、更好、更平靜、更豐富的生命歷練。此次活動，除了如何運作光的能量外，同時安排氣功老師蘇清山傳授威震八方功法，讓身與心都能獲得健康和平衡，豐富多元，大家反應相當熱烈。

談南極與西藏：聽友如痴如醉

二〇一七年九月一日，我們談的是南極旅遊，發現者旅行社李茂榮總經理講完南極，大家意猶未盡，再談西藏，卡爾樂團十歲的 Ray Ray 忘我的演出，讓參與的聽友如痴如醉，增添了不少藝文氣息。

當天有一百多位聽友到場，當看到韓大哥時，我非常感動，他聽了我二十多年的節目，八十多歲高齡了，依舊來相挺，我心中不只是感恩而已；還有摔傷手的阿三哥，與要出發英國遊學的團員，也來支持。當天台酒的泡麵、長白山天池的水、實創生技皮膚保養品，都是廠商的贊助。聽友會在樂聲、歡笑聲中圓滿落幕，這次的聽友會應該是時間最長的一次，大家開心就好，正聲團隊又完成一場服務。

深入體驗英國小鎮生活

二〇一八年一月十九日的聽友會很有英國風，因為英國遊學學校的校長保羅先生（Mr. Paul, Principal, The Devon School of English）遠道來訪，與大家相見歡，介紹了學校環境、服務項目、課程內容，及英國德文郡的小鎮風光，因為有二〇一七年九月二日的「熟齡遊學」首發團的成功經驗，引動了長者到國外 long stay 的風潮，不會太勞累，且深入體驗英國小鎮生活。

正聲的聽友創造了第一，未來肯定會有更多人加入。一生至少一次讓自己勇敢走入不一樣的旅程，讓你人生更豐富，永生難忘，歡迎加入「熟齡遊學團」的行列。

多采多姿的戶外聽友同樂會

我們的聽友會，除了室內，還有戶外。

石碇筆架山的阿旺家

二〇一四年九月十二日是個秋風涼爽、陽光燦爛的日子，我們「歡樂長青園」家族二、三十位，到石碇筆架山阿旺家玩，隔年六月十三日再去做客。阿旺家可不是每個人都能到訪的，是我們家族成員乃玟認識安排的，我們搭捷運、轉公車到雙溪下車，走平路，經石碇，再走一段往筆架山的山路，中途就到阿旺家，那是一棟石頭蓋的山間小屋，屋前有個曬穀水泥地，搭篷擺桌就可以吃飯泡茶，阿旺全家出動，為我們準備豐盛的手路菜，紅麴飯、炒米粉、綠筍、白斬雞、自製豆腐、豆漿、自種蕃薯葉、高麗菜、麻油雞湯，一群開心的老大人，吃的開心，玩的盡興，全都滿心感謝阿旺全家人的熱情接待。

飯後餘興節目是班長家平泡茶、副班長村田、世陽及新任副班長家弘的帶領服務，碧玉引領唱歌，蘇老師傳授養生功，參與的家族又是一次充滿歡樂的聚會！家族也安排多次一起爬山健行，台北銀河洞、陽明山、涓絲瀑布都有我們快樂的足跡，充滿美好的回憶。

玩到忘我境界

二〇一六年十月二十四、二十五日，兩天一夜，四十位聽友在連苡鈞和林玶亘兩位加捷生技公司主管安排下，我們搭了一部遊覽車到高雄美濃遊覽，這是第一次我們聽友出遠門。在車上，我們已玩成一片，我常說：「別小看老大人們的活力，若你經常和他們一起的話。」有夫妻同行的，老公在中途休息站沒上車竟沒察覺，我們隨即掉頭接人，可見大家真是玩到忘我境界了。我們前往鱉池養殖場，觀賞鱉精的製造，有人差點掉進溝裡，大夥兒笑成一團。晚上就投宿在加捷公司員工訓練大樓，其中的設備有如高級飯店，有人也把被子買回家，因為太舒適了。我們也安排到風景區，沐浴在森林的芬多精中；蘇清山老師總是不藏私的帶領大家練一套簡單的養生功，一路爬山走路練功，笑聲響入林中。快樂時光易逝，回程車上，聽友已有離情依依之感。對正聲節目忠實耿耿的秀蓮姊，八十三歲了，經常游泳、打網球、唱歌、跳國標舞，身體健朗，有一顆寬廣熱情的心，對我辦的活動從沒缺席，包括我們去英國卓特咸（Cheltenham）遊學，她的靈活與學習精神最值得我們學習，她就提議成立家族，她眼光精準，選了負責盡職、在日商公司主管退休的黃家平先生當我們的班長，而副班長由村田哥、世陽擔任，當場全體歡聲雷動，鼓掌通過。從此我們一群人結下十多年的緣分，也創造不計其數的群聚歡樂時光。

建築界的哲學家

二〇一七年八月四日的這場聽友會很不同，結合正聲頻道三個不同節目「日光大道」、「台北在飛越」、「歡樂長青園」，三位主持人張欣民、宛志蘋與我，聯合舉辦聽友會，參加的聽眾都要自行開車前往，參訪地點在鶯歌、桃園的交界處，京格建設的京格首璽。它是結合人文、藝術、環保、節能、美學，全台唯一鋼構獨棟、會呼吸的綠建築，讓我們大開眼界，領略到生活應該是有更高品質及舒適健康的居住環境，它優雅如文學，美的像藝術作品，擁有現代的高科技設備，讚嘆有錢當應過著如此安心放鬆寧靜的生活，能住在這裡真好。參訪結束後，大家一致肯定京格建設的用心，他們走向國際的建築風格一定會被看見。

京格建設蓋得房子為何會如此優雅與眾不同？應該歸功總經理蔡明勳，他是一位建築師，他熱愛户外運動，經常參與國內外騎自行車活動，且熱衷觀賞國際美學作品，又曾經歷過苦修磨練，還買地親自種菜，與土地為伍，他內在充滿

愛與哲學思想，他和一般我們知道的建商不一樣，當然，在他領導下的京格建設所蓋出的房子，無論外觀設計、環境應用與維護、材料裝設、品質與機能，肯定是百年規劃，傳承後世，所謂價值與價格的區別就在於此，我真的很景仰這位建築界的哲學家。

二〇一八年五月十八日星期五，我辦了一場吃吃喝喝、餐費自付的聽友會，竟然兩天就額滿，四十位聽友集合在北市延吉街的『山井』餐廳，老闆葉倫萬先生是舊識，他曾是八煙溫泉會館總經理，待人大方和氣，服務週到，有趣的是，我們竟是同年同月同日生，當日他提供免費飲料，我點了他們的招牌火山丼飯，滿滿的牛肉鋪滿像一座小山，端到眼前會讓你發出一聲「哇！」讚嘆不已。菜單上有四、五十種包括各種魚與肉類的丼飯，每一樣都會讓你食指大動。『山丼』餐廳每天到午、晚餐時間，顧客總是要排隊；那天中午，他們掛了牌子，標明已被包場，但還是有很多食客向隅。我們又完成一次很不同的聽友會。

最後一場聽友見面會

二〇一九年三月二十七日，我與親愛的忠實聽友們做最後一場的聽友見面會。主持廣播節目是我的工作，從兒童、婦女、股票財經、綜藝、熟齡，由自製至外製節目，至今已過三十五個年頭，二〇一八年十一月底，因職務調動，調升宜蘭台台長，因此結束台北的主持生涯。多年的修練，我看到自己的平靜，接受所有事件的發生與面對，做我該做、想做願意做的事，真實不虛，幸運的能堅持開心做自己，成為自己，讓我的生命在豐富多元且安順中繼續前進。

若您能明白、尊敬天地、大自然與眾生平等的法則，且善待之，最終受益的都是自己，所以每天我都在感恩中安睡、安坐、安過，無有恐怖與顛倒夢想。我運用海寧格家族排列系統的法則，將所有我要感恩與懺悔的人事物放在我的眼前，真情實意的給她(他)們深深一鞠躬(慢慢的彎腰到至少九十度)，謝謝、謝謝！

所有認識我的或我認識的，我都曾如此做，當能量運送各方，它會像迴旋鏢一樣回到自己身上。

這次大家依依不捨，我說，這就是人生，有聚有散，謝謝大家一路相挺陪伴，我們在溫馨與彼此祝福中結束，我還是感謝大家多年的相挺和支持。

五、養 生

練功使我愉悅和健康，最簡單有效的健康法門，即：心正則場正，場正百病無；所以，淨心修德是養生最高境界。

我的練功因緣

因為在電台主持節目的關係，曾經訪問前財政部關政司司長王德槐先生，當時他七十多歲，他受訪時說：「自五十八歲起練氣功到現在，都沒有真正感冒生病；健保卡只用來看牙科，還在A卡。」並說：「古書記載，男性要在六十四歲前練功，女性在四十九歲更年期前，效果更好。」聽到這一席話，突然覺得自己很幸運，因為當時我四十歲。訪問過後，我就下定決心開始練功。

我從簡單的甩手功做起，每天鍛練三十分鐘。經友人推薦，再前往加拿大溫哥華，向劉官任老師學習他所創設的「心功」功法。之後，又認識大陸青城派掌門劉綏濱老師，跟他學習青城養生六式。近期，還學習鄭清榮老師的八段錦、汾陽氣功，一路練到現在。

如今，我鍛練的氣功是經過融合大家的功法後，形成的自己的一套方法，從站定到結束，約九十分鐘，練完總是汗流浹背，暢快無比。

練功的好處

就個人的經驗，向大家介紹練功的好處：

練功後抵抗力變強，不感冒；過去的腰酸背痛緩解了，無需再吃藥。

原有心臟缺氧的問題，沒有再犯過。

皮膚變好，體重合宜，六十多歲，無老態。

最大的變化在於心性，脾氣變好了，過去的急性子，因練習深呼吸變得和緩。

練功是幸福的事

練功是一件幸福的事，真正練過的人就知道：證明自己能動、能彎身，能下腰。專注力變好。隨時不忘感恩與懺悔。身體輕安、心安。

身與心是統一的整體

根據心功創始人劉官任老師所提倡的「身心一體論」說：「人的身與心是統一的整體，相互依存和影響，心承受不了打擊，身體就垮下來。心眼狹小的人容易生病；反之，心量大、包容量夠的人，很多疾病就能防止。在『正心法』裡，主張要時時、處處、事事給自己和別人正向的心意。」他說，這是最簡單最有效的健康法門，即：心正則場正，場正百病無；所以，淨心修德是整個「心功」的修煉核心。

練功可以讓心靈愉悅。過去，我個性急躁，心直口快，遇見不平，見義勇為，以為很有正義感，不與功利為伍，自以為操守清高，卻在無意間傷害到別人而不自覺。自知性格上的缺陷，改進卻有限，一旦故態復萌，即深為懊惱。練功後，奇蹟發生了！心安定了，情緒平和了，人緣更好了，工作和心情也更加愉悅而順利了。

動靜兼顧 養生修性

練功和運動有何不同呢？

練功是在「氣」上下功夫，即所有動作要和呼吸配合。在禪修靜坐當中，也有「觀呼吸」這個法門，由注意自己的一呼一吸間而達到意念專一、心境平和；氣功的呼吸法，也是需要「細、長、深、慢、勻」的調息，調心練意，去除凡心俗念，提高心理素質的層次，在動與靜兼顧下，達到養生與修性的效果。

收功後，我會深深三鞠躬：一謝眾神諸佛、光的上師、光的指導靈、光的天使、守護神的庇佑，二謝爸爸媽媽及恩師的養育之恩，三謝人世間所有幫助我的人。最後，我會請我曾得罪過的人原諒。我練功後的感想是：或許因為心性轉變了，一切也都變得更加美好！

練功是生活

練功是我的功課，也是生活的一部分，所謂「道無近功，恒則成」。練功無捷徑，功成要靠日積月累，所以老祖宗才有「一日練，一日功，一日不練，十日空」的古訓，只有日日行之，才能產生質的變化，所以才有百日功的說法。若「知而不行，與不知相同，行而不恒，與不行是一個樣」。身與心的修練在平時，而非一時興起。

韌性與任性的變老

年歲長了、人老了，要如何過日子？若是我，我會如此做：

小酌、喝咖啡、走路、爬山、練功、保持平靜，照顧好自己的身心。

看書、讀英文，開心學習。

與朋友們一起旅遊、遊學（long stay）、唱歌玩樂。

有一點工作，以服務為主軸，不計錢多錢少，分享所知所學。

要自信、自在、自由的過日子，包括錢財無缺，不受外境影響，開心做自己，同時注重外在、精神與心靈素養的提昇，讓自己有韌性與任性的變老。

如何健康老？

每一個超過六十歲以上的人，都期待能夠健康老化，即行動自主，意識清楚，意志自由，心緒安寧。那如何可以達到這個理想？

練功近二十年未曾感冒

行動自主是要有健康的身體，四肢靈活，保護好自己身體，不生病，不受傷。我訓練自己，走路時注意力放在腳的內側；右腳出，注意力在右腳；左腳出，注意力在左腳；若忘掉了，再拉回來。如此做的好處是，隨時把注意力放在自己身上，不會跌倒。一週練功二至三次，每次至少一小時（我學多套功法，最後自成一套自己的功法）練了近二十年未曾感冒，行動自如。

養成少醣、少澱粉的飲食習慣，這要感謝《好食365》版主林讚峰博士的引導，他是麻省生化博士、前台酒總經理，這個方法讓我不餓又能減肥，半年間瘦八公斤，至今沒復胖。

雖然應酬多，但我選擇食物吃，沒有三高問題。意識與意志自由及心緒安寧是一件非常重要的事。

有多少人無法入睡，查安眠藥的使用量即可見端倪，這跟恐懼有關，先覺察自己：是否愛生氣，情緒波動嚴重，有傷害別人、佔人便宜的情形，生活中看不順眼、負面的事多，常批判、怨懟、不滿。找出根源，才有修正的可能。

我的生活選擇原則是：「要」的想，「不要的」不想，只要開心的事就做，不開心的就放棄。要與不要，自己很容易分辨。

心靈安祥是健康老化不可或缺的，要擁有，就需要透過學習和修練，現在開始依舊不嫌晚，讓我們一起健康老吧！

分享心功：週身內通法

（劉官任老師口述，簡立玲整理）

週身內通法，我認為此功法很有科學性、邏輯性且效果好，屬全身內外兼顧的養生法，融合摩擦、拍打、震動全身，通過外動，帶動內動，使用內勁、整勁、揉勁，讓意、氣、力透於內，使內裡深處徹底通暢。

面帶微笑　全身放鬆

完成此套功法，約十五至二十分鐘，其功效則有：

疏通全身氣血，調理全身。

通透內達。是一種全身上下、裡外全動到的功法。

要領：每一個動作都加意念『通暢』。

作法：

自然鬆立，自然坐、盤坐均可，眼簾微垂、面帶微笑、全身放鬆。
兩掌搓熱，擦面，搓鼻翼，用指腹由前向後撓頭，搓耳朵。（各種動作做十至十五下）
鳴天鼓（雙手掌心按住兩耳，食指扣在中指上，一上一下扣擊後腦），每次扣擊時如同擊鼓一般轟響。約三十秒即可，約二十一下。
鳴耳（兩掌心貼在兩耳，勞宮穴與兩耳相貼，兩掌突然向外拉約七下，耳內會鳴響，然後用食指伸入兩耳轉動再往外拉，約七下即可）。

用掌心搓身體各部

用指腹搓後腦杓至紅熱的感覺（約二十一下）。用掌心搓頸部，左右手輪用都要搓到（約二十一下）。
搓胸部（約十下），搓兩臂（左手經由右肩部搓到手指划出重複三次，再以同手法換手搓），約二分鐘。
搓肋部十下、腹部十下，由上往下搓。約一分鐘。

搓中線，兩掌相疊（男左手在下、右在上，女相反），由咽喉往下襠部搓，約十五下。

自然鬆立　自然呼吸

兩掌相疊（男左手在下、右在上，女相反），按揉肚臍和腹部，先順時鐘三十六下，逆時鐘三十六下。

搓兩腎及腰部約一分鐘。

搓雙腿，由上往下。但有靜脈曲張或下肢浮腫者相反。再搓兩腳腳心。（十下）

自然鬆立，自然呼吸，兩臂伸直，上下自然擺動。向上時，手心向上；向下時，手心向下，意念在兩掌，約一〇八下。

兩掌心相對，手指自然彎曲，左右開合，兩手互相推拉開合，約三分鐘，結束後，兩掌心和手指尖相對，體會兩手間的感覺約三十秒。

用兩手空心掌拍打頭部和頸部，接著身體自然震動，再以空心掌拍打胸部、兩手臂、腹部、後腰、臀部、雙腿，隨著身體自然震動頻率，上下、左右、前後，拍打全身。

眼內視、耳內聽、意內守

結束拍打後，全身繼續，從頭到腳，從腳到頭，節節貫穿，自然震動，意念停在不舒服的位置，然後加強震顫，約三分鐘。停止震顫，全身放鬆，此時眼內視、耳內聽、意念守在丹田，調息一下，收功時，意念【我要收功了】，慢慢睜開眼睛，練功完畢。

這是一個整體的功法，動作若不理解，再問立玲囉！有機會再分享此功法，學會需要四至六小時課程。

分享回春功

在家練功，這招簡單、效果出奇好，這是一位大師教我的，他七十多歲，精氣神十足，動作俐落靈活，他說他每天只練這招，每回至少三十分鐘，所有身體問題全正常，少用健保卡，朋友們可以試一試？

姿勢：

站定，雙腳與肩同寬，平行腳，膝蓋微彎並微外八、屁股微微下坐，脊椎挺直，全身放鬆，眼睛微閉，面帶微笑。

作法：

像波浪鼓一樣以脊椎為軸心轉動脊椎，雙手像波浪鼓的兩條繩，隨脊椎擺動而不費力的左右擺動，如此輕鬆搖擺超過三十分鐘為佳，做百日後，您會發現有神奇功效。

注意：微彎的膝蓋要保持微外八。

*練功動作是有眉角的，一定要有真正老師指導，若老師自己越練越老，欠缺精氣神，或常感冒，就別浪費時間了。

與青城派掌門劉綏濱的因緣

我會認識劉綏濱老師，是因為他獲選為由資深青商總會舉辦的「中華文化藝術薪傳獎」武術類得獎者，這應該是兩岸開放交流後第一位由大陸人得獎的項目。我在採訪劉老師時，並沒針對武術技巧與得獎心得著墨，而是以青城派養生法為主，劉老師研發一套以青城派武學為主幹，符合現代多數人時間少、生活緊張、壓力過大、睡不好及腰酸背痛等問題，得以快速緩解且輕鬆易學的「太極六式」。

我因工作關係，為尋求身心靈平衡，訪問過許多名師。認識劉綏濱老師後，引起我進一步向他討教的念頭，於是在二〇一一年七月，我專程前往四川成都都江堰，正式與劉老師及其弟子學習，從身體放鬆柔軟的基本功到正式太極六式，都經過細心的指導，一個站姿，一個手印，腳移位的角度，劉老師都不放過，一定要做到很到位才可以，他說：「每個動作都有其功效，絕不能含混帶過。」教學之嚴謹，讓立玲折服。

初學時，以為很困難，每回練習都滿頭大汗，五至七天後學會了，再經過劉老師親自驗證，才算過關。回到台北後，我常閉上眼睛，打個十至二十分鐘太極六式，讓全身鬆軟，通體舒暢，成功減緩了工作緊張和壓力。

太極養生的奧妙

青城山既是道家發祥地，道文史學豐富，而劉老師的武學造詣乃承續青城，其學養深厚，弟子遍及海內外，劉老師在台灣出版一本《青城太極》，這本書的內容，以圖文方式解說青城太極養生功法，淺顯易懂，卻不失精髓，內附一片光碟，讓習修者隨著示範影片練習，相信能讓喜歡運動練功的台灣人有更多的選擇，認識真正青城道家太極養生的奧妙。

若以百日功為基楚，假以時日，一定可以練出心得，讓健康漸入佳境，心靈趨於平靜，在情緒穩定下，修養更為精進，讓事業、家庭與生活更幸福美滿快樂。

這是一篇我向劉綏濱老師學習的心得，也是一篇劉老師太極養生功法的推薦序！

老人家為何容易跌倒？除了不留意外，大部份是肌肉無力造成，強化肌肉的韌性與耐力是刻不容緩的，練功、深蹲、棒式、超慢跑、爬小山都是好方法，現在就練起。

老了，最後都是一個人過，自己要能照顧自己的健康，很重要！

睡覺是人生大事

我是個愛睡覺的人，從小到現在，沒睡飽的話，整天沒精神，也不開心。上學時，最討厭媽媽的呼喊；假日要好好睡，被爸媽喊醒，更生氣！當老師時，睡遲了，媽媽說：「哪有學生到學校了，老師還在睡覺？」當媽時，要送孩子去學校報到，也睡過頭，跟老師說是我的錯。每天一定要設定二個起床的鬧鐘時間，才能準時上班，當然也有鬧鐘沒響睡過頭而遲到的經驗！常想，為何我們不能好好睡飽睡滿再去做其他事呢？失眠的人對於無法睡覺是很痛苦的事，慶幸自己好睡與愛睡覺。

四十多歲時，發現自己有家族病史，就是沒來由的關節腫痛，到醫院檢查，醫生說：「吃藥也不一定會好，不吃藥也不一定不會好。」於是就決定不吃藥。不過，有醫生朋友建議，少吃鳳梨和麻油雞類的食物，正巧這類食物是我最愛，減量之後，發病機率似乎是有減緩。同時發現，配合睡覺及練氣功，與之和平共處，這幾年狀況越來越好，可以不影響工作和生活。

老師曾說：若生病或身心不舒服，能睡個三天三夜，即能不藥而癒。可見「睡覺」好處多。

「睡覺」的領悟

1、感謝有鬧鐘，沒因愛睡誤事。
2、能睡是種福氣。
3、睡覺可以忘記悲傷和煩惱。
4、睡覺讓我健康且快樂。
5、原來父母與長輩們或更多人那麼早起，都是一份生活的責任，他們也希望能多睡一會兒。
6、睡覺是人生大事。
7、開心自己愛睡覺、能睡覺。

養生很 easy

養生其實很 easy，幸福也是。血管通暢、排便正常、身體溫暖、少吃醣類、澱粉類食物，多吃膳食纖維類食物，走走路，練氣功，保持開心與平靜，這樣就能同時兼顧養生與幸福。

從養心開始

知名演員陳道明說：

「人活著，需要給自己的心靈安一個家，讓自己保持自我、本我、真我。無用方得從容，潔淨如初的心靈及豐富多彩的精神世界，才能成就百毒不侵的自己。」

自在、喜悅與健康，從養心開始，心不平靜，怎會健康？老人家的願望都是要健康，健康的前提是先有從容的生活，要做到平靜自在的心靈，其實不難。

德國有位生理學家在九十二歲壽誕時，向人們介紹的長壽秘訣只有一個字：

「笑」。

「開心」正是一件人生最重要的事，和健康、財富、運氣有連動關係，獨處時保持平靜，多與人互動，找開心，就是別讓自己不開心！

「心」決定一切

而哈佛心理學教授艾倫．朗格說：

人生中，我們可以「控制」的部分，包括健康和快樂，其實遠遠超過我們的想像。

原來，只有「認為」自己老，才是真的老，「心」決定一切，心不老，人就永遠沒有老這回事。

幸福很簡單，養生很easy，即：身健康、心平靜、靈安祥、財無缺，如此而已！

吃與拉的概念

我從小就是個胖子，曾減肥無數次。母親對我說：「別挨餓啦，妳喝水都會胖！」

到電台工作後，為了上舞台，規定自己晚上七點後不吃東西，每週一天不吃任何固體食物；堅持多年，體重都維持在五十八公斤。

直到我被調到營業部，或許是人緣好，每週有二至三次的聚餐；幾年後，體重直奔六十八公斤。主持第一場「好齡感生活節」活動時，驚覺臉型如同肉餅，於是請教前台灣菸酒公司總經理林讚峰博士，他分享如何「健康瘦」的經驗給我。

林博士說：「所有的病源都與醣類及精緻澱粉類食物有關。」他是麻省理工學

院生化系博士，又是紅麴專家；他為人正直誠懇，職場上助我甚多。

力行少醣、少澱粉的原則

我聽進他的話，隔天馬上執行不吃醣類與澱粉類食物，一週後，覺得走路有點腳浮；我繼續堅持下去，不到幾天，一切就正常了。三個月後，便減輕了五公斤體重。去英國德文郡遊學一個月回來後，再輕了三公斤；不到八個月，就恢復到原來的五十八公斤。

退休後，雖然只有少醣、少澱粉食物，但又上升二至三公斤。期間，我繼續練功和走路，因練功時間增加，所以可以保持均勻體態，現在的飲食生活一直力行少醣、少澱粉的原則。

吃、喝、拉、撒、睡 不可小看

除了吃，排便不順也是很多人苦惱的問題，尤其是老人家。我隨身帶一個保溫瓶，沒事就喝一小口水，兩天不排便，就勤練排便功，多喝水，吃膳食纖維或益生菌，隨時注意拉的問題。

吃、喝、拉、撒、睡是「生命五寶」，可別小看它，這些都是簡單卻常被忽略的問題。所有健康問題都不是短時間造成的，要開心過日子，需要一個沒病痛的身體。

有便秘或排便不順的朋友，可以試試看這個方法：一口水、一口蘋果；喝水時，慢慢喝。真的不錯喔！

提升免疫力的養生茶

我介紹一帖提升免疫力的養生茶方子，這是百翰中醫診所院長林慶恒博士提供的，感謝他。四物一帖、粉光蔘二錢、杜仲四錢、枸杞三錢、川七三錢、紅棗十顆、麥門冬三錢、加入四碗水，放在電鍋煮四十分鐘後，稀釋至 500-1000 c.c，當水喝。

功效：身體有手腳冰冷的，可以補氣血，提升免疫力，每天喝 100 c.c，也可以燉排骨三到四兩或雞腿一支，喝湯。

六、熟齡遊學趣

「熟齡遊學」與一般旅遊不同，經歷後，你會學到：一、更了解自己的能耐。二、更勇敢接受挑戰。三、更有自信。四、更快樂和健康。五、更清楚自己後半生要怎麼過。六、更獨立自處。七、更寬廣的胸懷去接納不同事物。

尼采說：「對待生命不妨大膽冒險一點，因為好歹要失去它。」不斷的學習及接觸新事物，絕對是預防老化的法門。

熟齡遊學的發想

二〇〇六年，正聲廣播公司的長官指定我製作規劃公司第一個專屬銀髮族的節目「歡樂長青園」，可能當時我是最資深（最老）的節目主持人，我若成為老人，會希望聽什麼廣播節目？期望陪伴的聲音和內容是什麼？於是，我用自己喜愛的方式寫了一份企劃案。

現在老大人喜歡多樣性

我的想法是：若我是老年人，我不一定要聽老歌，我會選播英文、日文、國台語、搖滾等各式各樣風格的歌曲。有一天，前中華郵政公司董事長游芳來先生送我一片CD，封面設計頗具民俗風，是西藏歌手降央卓瑪的唱片，當時無人認識她，我播了她的主打歌曲名〈西海情歌〉，聲音低沈，旋律豐富，以為是男生唱的，再留意看介紹及照片，原來是一位苗條美麗的女子。第一次播出，就引起很大迴響，很多聽眾打電話詢問，並期望每天播。因此，漸漸的，我了解聽眾族群，他們的年齡、職業、喜好。

我認為老人要有錢養老。於是，我規劃如何投資理財，請專業來賓受訪，談適合老人的理財法，同時提醒保本與防止被騙的宣導。

現代人都懂得養生，我不用網路上的養生方法，因為大家都找得到。我用自己練氣功的方法與聽友分享，那是我獨用的方法，因為效果好，至今未曾感冒，而且使我遺傳性的免疫問題症狀減緩許多。

我們需要心靈安詳與快樂

老人需要心靈安詳與快樂。我規劃如何讓自己不生氣，接納不同的觀念。老人要有老伴，不限於夫妻關係，還需要好朋友，需要玩樂，因此，我們辦了旅遊，聽友會。

在多次活動中，我見識了台灣老人的活潑、開朗、開明和學習精神，我們的聽友都是各行各業的菁英，有設計飛彈的科學家、大學教授，銀行經理、襄理、學校老師和校長、公務員、企業經營者、日商和美商主管、開餐館的老闆林林總總，就算是家管，也見多識廣。我很清楚，節目內容與風格一定要不一樣，才能讓他們黏著。多年經營下來，創造了很多美好經驗，「熟齡遊學」首發團的成功，就是在聽友間彼此的信任、創新、冒險、勇敢中完成的。

聊出熟齡遊學的創舉

惠安旅行社林宗源總經理是一位熱心公益的企業家，常贊助老人團體的活動。

喜大人協會（我命名的喔）秘書長駱紳是媒體同業多年好友，他退休後，希望為老人家服務，而成立了這個協會。有一次，在喜大人協會遇見林總。他經營的惠安旅行社專門從事遊學、留學、移民的業務，至今也三十年了，因可靠及顧客信賴，口碑良好，一直受到推崇，因此業務總是同業間的佼佼者，加上林總心胸遠大願意創新。當時我問他，有沒有「熟齡遊學」？他回應說：「『熟齡遊學』已在國外行之多年，其他國家都有民眾參與，只是國人保守又不敢嘗試，目前都未成團。」於是，我請他的公司同仁，為我們規劃行程並提供協助，以學習和旅遊兼顧為方向，用 long stay 的生活型態，讓老人家的旅行不致於太累又能深入當地生活。

從地點、日期、安全、住宿家庭、飲食、旅遊行程、飛機、領隊及合理的費用等，討論多次，定案後，我在節目中公佈了這個特別的旅行行程。出乎意料的，反應非常熱烈，竟然快速爆滿，在沒發佈新聞時，二十個名額已滿額，有人才聽到一次，馬上報名；有人已學英文多年，也充滿興趣；有的環遊世界多國，從未在英國待上一個月。

「熟齡遊學」首發團出發了

在滿團後，安排二〇一七年八月二十二日下午，在舊市府官邸開一個記者會，資深記者周蘭君做了以下報導。我徵得她同意，刊出此文：

網路上將六十六至七十九歲稱為中年人，將八十至九十九歲才稱為老年人。為了讓提早退休的『中年人』擁有走入學習情境、親自體驗的機會與豐富多元的退休生活，正聲廣播公司與惠安旅行社共同策劃舉辦全國第一個『熟齡遊學首發團』，即將於九月二日出發，前往英國德文郡，與世界各國近齡的學員一起來體驗與學習英國的文化。

「總策畫人正聲廣播公司簡立玲副理表示，由於長年主持銀髮族節目，在與聽眾互動中，感受到許多熟齡族群終身學習的渴望，因此嘗試引進國外行之有年的熟齡遊學行程，沒想到反應出乎意料的熱烈，不僅詢問度破表，原本預定十五位團員名額，還追加到二十位，向隅者只好請他們下回請早。由此可見熟齡潛在市場實不容小覷！

「佩恩頓（Paignton）是英國德文郡的海濱城市，是十九世紀初時髦的海濱度假勝地，也因其健康的氣候而有『英國里維耶拉』之稱，現在還保有著蒸氣火車，也是當地的著名的文化遺產。學校位於佩恩頓中心地區，從一九七一年起就致力於熟齡的教學，由家族持續經營，以高品質教學、多樣化的活動、細心安排的住宿等，每年都有超過上百名世界各地的熟齡學員到校學習。課程設計以符合熟齡學習需求，包括基本英文會話、藝術、音樂、英國歷史文化、體驗道地英國生活及參訪巨石陣等名勝，豐富多元。咱們台灣的不老學員要與世界接軌，也將在此學習一個月。

「『熟齡遊學首發團』成員計二十一位，最大年齡七十七歲，最小年紀五十三歲，平均年齡在六十二歲左右，團員中女性占三分之二，男性占三分之一，顯示現代女性旺盛的求知欲行動力，並不因年齡的增長而稍減。團員陳麗玲說：『這是人生的夢想之一，若喜歡旅遊與學習，遊學是最棒的選擇。』郭芳慈表示：『送給自己最棒的禮物。』黃麗珠說：『邊學邊玩是她最大的興趣。』丁麗萍、Ken與其他參與團員都說：『與一群志同道合實踐夢想，所以我們一起圓夢，熟齡遊學團！出發囉！』」

「熟齡遊學」首發團興奮出發，前往未知的世界。

遊學與跟團旅行很不同

二〇一七年九月二日，我帶著二十位聽友們到英國德文郡 Paignton 小鎮遊學四週，這是國內第一團五十歲以上的銀髮遊學團，顯見我們的老大人們要讓自己有不一樣生活經驗的勇氣，相信這會是一個非常有趣且充滿新奇的旅程。遊學與旅行真的不一樣。**Jim** 是銀行經理退休，去過六十多個國家，也曾被外派美國工作，喜歡收集客家文物及古董，且專精投資理財。他說，此趟深度旅遊，讓他的人生觀有很大的改變，對生活態度也有所調整，不再只守著自己的財物，能捨則捨。回國後，他把收藏慨然捐給有關單位，感覺更輕鬆自在。在英國遊學的日子，每天過得像個孩子，有人做早餐，陪你吃晚餐、問功課，有人幫洗衣服，快樂無比，他享受遊學的樂趣，第二年再參加英格蘭卓特咸（Cheltenham）的遊學團。

變得自信，願意分享

鳳梨是正聲的忠實聽眾，七十多歲，有一副美好的歌喉，是正聲公司舉辦銀髮族歌唱比賽的冠軍，名叫鳳梨，每個人都記得她。她在艱苦環境中成長，卻樂觀進取，兒子還是優秀的國際級古典吉他音樂家。她是第一個報名遊學團的，令人非常訝異。她的學習精神、開朗個性、服務別人的態度，快速融入遊學行程中的當地生活，真令人敬佩，在英國小鎮，她度過一個難忘、溫馨的生日。

Lulu 則說，她變得更有自信，並願意熱情分享。過去，她活在自己的世界裡，獨來獨往，現在她去當志工，並重新回大學修碩士，她的動力來自英國遊學時的啟發。她的「home 媽」是單親，積極的工作並樂觀生活，所以只要有目標及方向，生命依舊可以很精彩。

Susie 是一個家庭主婦，老公是教職退休，常鼓勵老婆多出去見世面。是個積極樂觀又進取的女性，每天打太極拳並成為老師，還不間斷學英文，因此常旅遊世界各處；因會說英文，結交很多外國友人，參加遊學團更得心應手，不斷精進，不管學校的老師和外國同學及我們團員，都對她印象深刻，喜愛與她相處。她陽光般的燦爛笑臉與笑聲，每天感染所有人，尤其見到我就笑到眼睛看不見。她迷上遊學的樂趣，又參加了兩次，潘恩頓「（Paignton）」小鎮與愛丁堡（Edinburg）。她說，遊學的經歷令人難忘。

有智慧的高人，成為忘年之交

阿三哥最特別，七十歲上下，留了一頭時髦像沖天炮的髮型，走路一拐一拐的，明顯腿部不方便，看到他報名參加，我內心很多掙扎，怕他給我們帶來許多問題。我問他：「你的腳OK嗎？」他說：「沒問題。」可我還是有點擔心。經過了解，才知道他熱愛騎腳踏車，因一次意外，摔傷髖關節，手術後走路如常，只是會慢一點。他如此有自信，當然給他機會，沒想到出發前一個星期，他出

了一個小意外，也把手摔傷，吊個繃帶，所幸，經醫生評估，依舊可以去遊學。第一次熟齡遊學出團，一群老大人，又有傷兵，很多朋友都為我捏把冷汗，而我是長期受過心靈訓練的人，若全往壞處想，如何成事？於是我們就開心的出發。

相處過程中才發覺，阿三哥可是非等閒之輩，他言談平穩、靜靜的觀察所有事，英文表達能力佳，團體中總是尊重大家的意見。當大夥兒等他時，他一再說抱歉，有比較困難的路程，我會勸他等著，例如，窄窄的高塔，要爬陡峭的階梯，或是城堡，但是他還是走上去了，從沒落掉任何景點；對他的耐力與為人處事，我由衷佩服。有一回，他和我論易經卦相，做決策時如何當機立斷，談論投資理財、談公司人事佈局，我才知道，他真是個有智慧的高人啊！從此，有事問阿三哥都對。

他旅遊世界少有人去的地方，他說，趁有體力時走遠一點，到過南北極、西藏、南美洲馬丘比丘、俄羅斯、古巴，已連續三年參加我們的遊學團，二〇二〇年又報名愛爾蘭遊學團。我們已成為忘年之交，有阿三哥真好。

讓外國人刮目相看的臺灣老大人

英國Devon Paignton 遊學剩下最後一週時，大家依舊充滿能量。同學Allen說，「想家但不想回家。」遊學三週，已能用英文介紹自己，厲害吧！

英國住了一個月，深入當地生活，除了學習英文，也四處遊玩，悠哉體驗英國真正的生活與享受當地美麗的風光，留下難忘的記憶。回來後，大家肌力變強，更有自信。團員的學習力、玩樂力、shopping力、表達力、行動力，讓學校與當地人刮目相看！對臺灣老大人有更深刻的印象！

遊學與旅行真的很不一樣，一生給自己一次遊學的體驗，你一定會懷念的，相信我！

走入情境、實現夢想

惠安旅行社總經理林宗源說明「熟齡遊學團」的特色。他說，「熟齡遊學團」是以「走入情境、實現夢想」為理念，讓每位參與者從學習及旅遊的情境中，實現個人昔日曾經編織的遊學夢想。

在林宗源總經理的規畫中，遊學行程為期一個月，以「世界名校」、「著名景點」、「體驗文化」、「結合興趣」等四大主題為目標。他表示，我們可以跟來自世界各國且年齡相仿的學生一起上課，進行國際交流，結交異國好友；居住在當地專業的接待家庭，實際體驗當地居民的生活，藉一系列的文化與社交活動，了解當地的歷史與風俗習慣。他認為，除了學習英文課程，所安排的旅遊行程絕非走馬看花，每一個景點都是精挑細選，並與主題相呼應，讓人有一個難忘的體驗。

實現不凡的夢想

七十七歲的團員蒲王玉春（Lily）說，她與職業軍人退伍的先生辛苦拉拔四個孩子長大，都完成大學學業，讓她放下心中牽掛，自己年事漸高，應該實現當年想做卻沒有做的事，遊學團可以幫助她開拓眼界，同時再當一次學生，滿足求知慾，實現不凡的夢想。

遊學期間，她開心學習，也輕鬆走完全程，並與住宿家庭建立深厚感情，分享我們的美食水餃，雙方都留下一生美好的回憶。

蔡康永：「如果擔心現在才開始學某樣東西、年紀已經太大的話……不妨這樣想，就算因此放棄不學，年紀還是照樣會變大的。」

退休生活可以更有趣、豐富、多元，同時與世界接軌，真正實踐「活到老、學到老」、「讀萬卷書，不如行萬里路。」要走入情境、實現夢想，參加「熟齡遊學團」非常值得退休族考慮，別猶豫，來去啊！

首發團去那裡遊學？

我參加熟齡遊學團總共三次，二〇一七年的首發團是去德文郡佩恩頓小鎮，那是英格蘭西南部的一座海濱城市，很受遊客歡迎的旅遊小城，在假日酒吧會遇到來自各地的遊客。

週一至週五，結束上午的英文學習課程後，中午在學校用餐，每天特製的熱食給我們許多選擇，量雖不多，但都能吃飽。飯後，學校會派專門老師帶領我們到佩恩頓市的景區遊玩，古老教堂、海濱、古堡、國家公園，還搭乘蒸汽火車、輪船，包括歐德衛豪宅（Oldway mansion and gardens）的參觀活動。這座豪宅最早為美國勝家裁縫機創始人艾薩克·梅瑞特·辛格（Isaac Merritt Singer）所擁有，內部有以大理石及青銅欄杆製成的大樓梯，天花板上則裝飾著華麗的畫作，以此而聞名，它的前院還有一片花園草坪。

托特尼斯城堡（Totnes castle）為西元九〇七年當地為預防維京人入侵而建立起

的第一座城堡，採用石頭跟木頭搭建，目前是一級保護建築物，當地人不願過度發展，一直保有著原來的文化和特色，現在已變成音樂、藝術和劇院發展蓬勃的地方，古意盎然。

《東方快車謀殺案》作者的出生地

在德文郡南岸的艾克希特是非官方首府，哥德式大教堂寧靜而宏偉，附近有美麗的海灣景色。一六二〇年，清教徒搭乘五月花號前往探索新大陸，便是從普利茅斯出發，哈利波特的作者JK．羅琳的母校，就是以美麗風景著稱的艾克希特大學（University of Exeter）。托基市不僅是德文郡內最知名的度假勝地，同時也是偵探小說家阿嘉莎．克莉絲蒂的出生地。

她的小說著作銷量僅次於莎士比亞，且有多部小說被拍成電影，大家熟知的有《東方快車謀殺案》，我們在這裡的劇場觀賞了由當地演員所表演的推理劇、參訪了她蜜月時的飯店及度假別墅，也前往小說裡的場景巴勒島，它位於海中，在退潮時會露出一條沙灘，可以直接走到島上，猶如摩西分開紅海一般，這個島就是阿嘉莎·克莉絲蒂的其中一個作品《一個也不留》靈感產生的所在地，在這裡，我們認識了這位世界級偵探小說家的故事。

福爾摩斯的拍攝地

達特摩爾國家公園（Dartmoor National Park）是一片非常原始的荒原，我們登山欣賞湖泊，享受原野牧馬的陪伴。山上佇立著一塊巨石，是攀岩者喜愛的活動點，有幾位團員試著爬上石岩。這個地方的景象也讓人感覺神秘，因為英國有名的偵探福爾摩斯，其中有一部電視劇就是在這裡拍攝的。

巨石陣（Stonehenge）是英國最著名的建築，又叫做圓形石林，一定得來觀賞，它是由幾十塊巨石圍成一個大圓圈，其中一些石塊足足有六公尺之高。據估計，圓形石林已經在這個平原上矗立了幾千年。一九八六年，「巨石陣相關遺址」被列為世界文化遺產。我們悠遊在神秘

的巨石陣裡，在開闊的視野中，享受由住宿家庭為我們準備的簡單餐食，但突如其來的一場大雨卻讓我們不及收拾，待取出雨具時，雨停了，我們一陣錯愕的笑了出來，這就是英國的天氣，每天都有四季，都有晴雨。

英國重視古蹟的保護

肯特史前洞穴十分古老，完全呈現了古代洞穴的情景，千姿百態的鐘乳石，有時需要俯身才能走得過，得以窺探大自然的鬼斧神工；我們就在隧道間漫步，探訪英國最古老的人類住所。

我們探訪了許多古城堡、教堂、古村莊，依舊看得到它們所保有的原樣風貌，景緻優美、古樸，可以證明英國當局對保護古蹟的重視，令人感動。

我們還搭乘了蒸汽火車，這是以前英國女王的交通工具，她會在窗邊跟外面的民眾揮手，老師也教我們女王式的揮手，大夥兒揮得不亦樂乎。我們也搭乘輪船、去酒吧、玩保齡球、逛市集，還有多次下課後沒回住宿家庭，而是選了海濱餐廳聚餐，一邊欣賞海景餘暉，一邊享受牛排與冰淇淋，儼然是生活在當地的外國人，好不愜意。

天空飛來的小偷群

英國的冰淇淋真好吃，那是我的最愛，但要特別注意在天空飛的小偷群海鷗，一不留意手中的美食就會被奪走，我就曾被奪走了半球冰淇淋，引來同學一陣驚呼聲。英式下午茶與最有名的 Scone and Cream Tea 當然不能錯過，美妙的滋味很難忘記。

我們的課程很 Busy，也很 Funny，才學幾天英文而已，同學們就神奇的會用英文編故事，用英文介紹自己時，夾雜著台語口頭禪，Jim 講了一口流利的「陳雷式英文」，老師耐心聆聽，表情似懂非懂，我們聽了也霧煞煞，但他真的會說英文，教室裡總是充滿笑聲。課後，我們也去逛市集和特色小店，有時，我會買杯咖啡坐在街頭，享受英式悠閒。晚上，到英式酒吧喝杯熱門啤酒，與外國人聯誼，突然英文變流利了，溝通無礙。

首發團的團員在異國彼此照應，培養了深厚的情誼，我們每年都安排聚會，繼續玩樂！

第二年英國卓特咸小鎮遊學

二〇一八年九月一日，第二次的熟齡遊學團，我們選擇距離倫敦車程一個多小時的城市卓特咸（Cheltenham）遊學去。

卓特咸以溫泉聞名，是個富裕的小鎮，學校在市中心，我被分配的住宿家庭需要搭乘Bus上下學，也是我首次在英國自行搭車的初體驗。第一天由host lady帶領，之後就自行處理，不到三天，已成識途老馬。英國公車一趟一點七鎊，約七十元台幣，來回一百四十元台幣，比較之下，我們的大眾運輸真便宜啊！不過，學校幫我們準備月票卡，可以隨意搭乘，不必每一趟付錢，真方便！班車多，英國司機服務很好，每個人都慢慢來，很有禮貌，搭車沒壓力。

日本女性的勇敢與韌性

我們很幸運，出發前，英鎊匯率在三十八到三十九元間，是最低點；所以到了英國，發現物價還比台北便宜很多，同學們每天都有不同的戰利品，購買力驚人。

班上有來自日本的同學與我們一起上課，我們的團員年紀最大的秀蓮姐是八十三歲，日語說的比英文好，與日本同學們的溝通都是透過她翻譯。我們見識到日本女性勇敢與韌性的精神，一個人獨自勇闖天涯遊學去。至今我還與清水はるみ（Harumi）同學保持聯絡。此趟遊學有嫂嫂淑美同行，我們住在同一家庭的不同房間，她每天為我煮兩顆蛋，備感幸福。

愛因斯坦的黑板

我們參訪很多景點，莊園、大修道院（Abbey）、古堡，還有倫敦、威爾斯的卡地夫，以及必訪的牛津大學；參訪當天遇到下雨，我們撐著傘走遍校園，牛津大學由三十八所獨立書院及四所學術學院組成，在數學、物理、醫學、法學、商學、文學等多個領域，擁有崇高的學術地位及廣泛的影響力。在一千八百年前，學生都是用拉丁文讀寫，所以校園內現在還可以見到很多拉丁文。牛津基督教學院餐廳是拍攝哈利波特電影的場景，吸引許多人來朝聖，我們當然也不能錯過。參訪的時候，正好遇上餐廳正在準備餐會；這個空間可容納三百人，是前維多利亞時期牛津或劍橋大學中最大的學院大廳，牆上掛有多幅肖像，有十三位英國首相曾在此就讀。牛津還有一個著名的《愛因斯坦的黑板》的故事。愛因斯坦在一九三一年五月十六日應邀至牛津大學演講，在黑板上寫下算式，曾經有個女員工要清潔教室，看到有一個黑板還沒有擦，當要準備擦的時候，被旁邊的員工看到，趕快阻止她。這個黑板後來被當成歷史文物，至今仍被保存在牛津歷史博物館。

拉非爾花園：宛如莫內名畫《睡蓮池》

在拉非爾花園（Highnam Court Gardens）有個景色，看起來就宛如莫內的名畫《睡蓮池》，「熟齡遊學團」猶如進入莫內畫中，處處留下美麗的倩影。花園內有一間房子，英國內戰期間受到嚴重毀損，後來在一六五八年重建；一八三八年，Thomas Gambier Parry 買下這間房子，他是一位音樂家、藝術家和收集家。房間中的音樂室擺了一台鋼琴，牆壁上雕刻各種不同的樂器；當天到訪的一位知名音樂家看到來自國外的十七位東方人，一時興起，翻開琴蓋彈琴，我們有幸意外欣賞到世界級音樂家的琴音。

當我們知道這裡有義賣商品和手工蛋糕，收入全捐給兒童和醫院時，我們便各自選了喜歡的產品並坐下來享用下午茶，令接待的主管非常感動，他感受到我們的善良，熱情擁抱我們，我們也無比開心。

布里斯托市：與街頭藝人共舞

「熟齡遊學團」的最後一天，是在布里斯托（Bristol）的城市漫步。我們遇見街頭藝人，大夥依舊神采飛揚，當街起舞與shopping。

布里斯托早在十一世紀就已建立獨立的城堡，在

十五至十六世紀，歐洲展開了開發美洲新大陸的風潮，正對大西洋的布里斯托成為當時的奴隸貿易中心，大量奴隸被販賣到美洲。自一七〇〇年到一八〇七年，超過二百艘販奴船停靠在布里斯托，販賣了超過五十萬名非洲黑人到美洲做奴隸。

這裡還有全英最具特色、最有名的一條塗鴉藝術街，是著名塗鴉藝術家班克斯（Banksy）的故鄉。班克斯於一九七四年出生在英國布里斯托，從來沒有受過正統的訓練，塗鴉的主題主要有反戰、反資本主義，他也喜歡畫小孩、士兵、老鼠等俏皮幽默的題材。我們發現牆上有他的作品，興奮的拍照留念。

斯諾希爾莊園：收藏很多古物

「熟齡遊學團」也到斯諾希爾莊園（Snowshill Manor）漫步，這個美麗的農莊搜集很多古物，是一幢十六世紀的房子，擁有者Charles Paget Wade被説是「很古怪的收藏家」，因為他收集了大量來自世界各地的東西，像是日本的武士盔甲、時鐘、腳踏車、樂器和縫紉機等，一腳踏入這棟房子，也會感覺怪怪的，有一種和怪怪的主人同一種的氣息。

百老匯村莊：藝術家聚集的天堂

百老匯村莊（Broadway），這所小鎮的名字並非來自紐約百老匯，兩者沒有任何關聯。英國每一個精美、優雅的小鎮都是藝術家聚集的天堂，藝術家給小鎮帶來了更多的藝術氣息，小鎮不大，步行的話，半個小時就能走完全程，卻處處精緻無比，令人讚嘆。

小鎮上的農產品小店，出售的都是當地種植的有機蔬菜、水果，及當地生產的奶酪、果醬等等，我也在這裡買了當地的食物，馬上品嚐，充滿著天然味。百老匯村莊建有一座百老匯塔（Broadway Tower），為什麼會在這裡建一座塔呢？這是以前有個有錢人，在一七九九年為老婆卡文翠（Lady Coventry）所建造的，但它只是一個簡單的塔。

斯特拉特福：莎士比亞的出生地

位在埃文河畔的斯特拉特福（Stratford upon Avon）是威廉·莎士比亞的出生地，那是必訪的地方，身臨其境會讓人浸淫在濃濃的歷史和文化氛圍中。主要街道 Henley Street 上，有一座小丑 Jester 的青銅雕像。小丑 Jester 在十七世紀的戲劇藝術中佔有很重要的角色。在雕塑下面，寫著"O noble fool, a worthy fool, as you like it."。我調皮的在雕像下模仿著它的姿勢，逗得團員呵呵笑。

莎士比亞的出生房子的內部應該是按照它在十六世紀原來的模樣佈置的，當時莎士比亞的爸爸是鎮長，裡面的床在當年可是財富的象徵。

一五六四年，莎士比亞出生在其中一個臥室，十八歲時與安·哈瑟維結婚，兩人共生育了三個孩子。

這一年的中秋節我們在英國過，英國的月亮大又圓，卻低的像掛在屋頂上。這一個白天是一個艷陽天，我們在克里姆公園（Croome Park）美麗寧靜的大草原玩樂；雖然叫公園，但它是parkland，就是有樹叢的開闊草地，跟一般的公園不一樣。這天陽光燦爛，漫步在大片綠草地中，心曠神怡。

卡地夫城堡：中世紀維多利亞城堡

「熟齡遊學團」在氣溫十度的燦爛陽光中，在威爾斯首都卡地夫漫步。著名的卡地夫城堡（Cardiff Castle）有近二千年的歷史，是一座中世紀城堡、維多利亞哥德復興式建築。附近的布特佔地廣闊，是由造景花園和公園所構成的綠色走廊。這裡有數量龐大的樹種，也可看到眾多的鳥類和動物，團員們腳力強健，繞一大圈，沒人喊累。

羅馬浴場：有助於治病及重要的社交場所

「熟齡遊學團」走訪了巴斯羅馬浴場（The Rome Bath）。「泡澡」這個單字由來，就是跟巴斯（Bath）有關。但第一個發現地底湧出溫泉的並不是羅馬人，兩千年前古羅馬人入侵的時候，土著凱特爾人就已經在泉水邊祭拜他們的女神蘇利斯（Sulis），經過戰爭，古羅馬人修建了一個提供休閒放鬆的奢華溫泉療養所，泉水溫度高達四十六度，礦物質含量高，就當地羅馬人來說，這是一個有助於治病及重要的社交場所。這裡也是英國唯一一個有溫泉的地方，我們在池邊閒坐，感受古人泡澡的喜樂，但千年池水可別碰觸，因為裡面不知會藏有多少細菌。值得一提的是，從羅馬浴池往圓形廣場路上，會經過《傲慢與偏見》的作者珍·奧斯汀紀念館，很多遊客穿上當時風格的衣服，戴著帽子，甚至拿著當時的扇子，在街上優雅的閒逛、拍照，英鎊十元的頭像後來由達爾文換上珍·奧斯汀，可見她在英國的重要性。

倫敦：到處都有我們的足跡

我們安排兩天去倫敦，倫敦橋、倫敦眼，倫敦塔、大笨鐘、蠟像館，到處都有

我們的足跡。倫敦市區如同台北市東區，有街頭藝人表演，人潮擁擠，人聲鼎沸，比較起來，我還是喜歡幽靜小鎮。在蠟像館，我與阿三哥製作手形蠟，要帶回家時，才知道傷腦筋，只能手提。

二〇一八年的教師節，卓特咸的「熟齡遊學團」結業了，豐富的旅遊和學習，Cheltenham市長與校長親自頒發結業證書，我們表演兩首歌：〈高山青〉、〈當我們同在一起〉送給市長和Inlingua Language School的全體老師，感謝他們的照顧和接待。這一趟，我們幫助了英國經濟的發展，因為大家的戰利品豐富，行李超重！

第三年蘇格蘭愛丁堡遊學

會規劃二〇一九年八月二日去蘇格蘭愛丁堡（Edinburgh）遊學，是每年八月有國際藝術節在此舉行，熱鬧非凡，它已經成為世界最大的藝術節之一，應該來見識一下。此時，我已退休，可以安心玩樂。

這一次，團員年齡較為年輕且英文程度佳，悅治、蔡大哥和阿三哥、淑熙姐都是七十多歲，餘約五、六十歲。遊學的學校在市中心，住宿家庭距離較遠，所以我們都需要搭超過三十分鐘至一小時的Bus；各人遠近不同，一開始，大家都很不習慣，因為地方不熟，第一週忐忑不安，第二週變識途老馬，第三週就離情依依。

遊學定律是host family各異，有的會換環境，有的則過得像自己的家，不管喜歡不喜歡，最後都適應。我很幸運，一切都好，host lady的名字是Shireen Rose，善良熱情、慷慨負責，我被照顧得很好，我們很快變成好朋友，她沒事時，會帶我到酒吧喝酒玩樂。她說，很少東方女性像我這麼開朗，能快速融入當地生活；我們共處了三週美好歡樂的時光。

在英國愛丁堡第四天，台灣有大地震和強颱，我們在英國繼續前行，內心祝福大家都平安。我們早上學英文，中午到隔壁餐廳用餐，下午旅遊，一群老大人的學習精神和體力讓同班的外國人讚揚。上課時，老師問：「over sixty 的請舉手。」我們全員高舉右手，外國同學們一陣驚呼：「amazing！」他們說，我們看起來好年輕喔！無論看秀、shopping，都充滿活力，每天走一萬步以上。

第二週，大家已成識途老馬，對環境與交通的熟識及住宿英國家庭的適應，可以自行逛超市、市集、shopping，還能邀同學辦桌，這就是學習及看見不一樣的自己。我強調，遊學與跟團旅行是非常不同的，我們的開心與笑容是來自自己的自信及安慰，因為讓自己更成長了。

吃完中飯，搭六號公車前往荷里路德宮（Palace of Holyroodhouse），這是十六世紀時瑪麗女王的皇宮，也是英國女王接待外賓與客人的地方，目前還在使用，是很大、很美的古老建築；晚上看了一場馬戲團表演。真是豐富的一天！

荷里路德宮又稱聖十字宮（Holyrood Abbey），現今是英國女王夏季到蘇格蘭居住時的行宮，以及舉辦國家和官方娛樂活動的場所。每當有王室到訪時，宮殿裡就會升起金黃色的旗幟，且不對外開放。領隊阿信（Steven）去問過現場工作人員，上一次伊莉莎白二世使用時是在二〇一九年七月底。

愛丁堡國際藝術節

愛丁堡國際藝術節每年固定於八月舉辦，是由一九四七年開始舉辦的愛丁堡國際藝術節與愛丁堡藝穗節與一九五〇年開始的愛丁堡皇家軍樂節（The Royal Edinburgh Military Tattoo）三者所結合在一起，共有歌劇、戲劇、音樂與舞蹈四大類型，每年都有大型節目製作，邀請世界頂尖藝文表演團體在愛丁堡各大劇院與音樂廳表演。

愛丁堡藝穗節是來自世界各地小型或新創節目的表演，有脫口秀、戲劇（獨角戲、歌劇、音樂劇、舞台劇）、舞蹈、雜耍馬戲、音樂等不同類型，表演場所可以是學校、教堂、酒吧、展覽廳、飯店、貨櫃屋、帳篷。從早上十點到半夜十二點，隨時隨地在城市不同角落上演，讓整個愛丁堡成了一座不夜城，愛丁堡的夜晚真是越夜越美麗、美侖美奐、熱鬧非凡，讓人覺得不虛此行。即使到了半夜，還是有bus的服務。

愛丁堡皇家軍樂節

愛丁堡軍樂節的表演始於一九五〇年，當時只有八個項目；多年來，它不斷發展壯大，演出九十分鐘，最後還會有壯觀的煙火表演。

為何軍樂節表演取名叫「Tattoo」呢?這要追溯到三百多年前，來自比利時與荷蘭酒店老闆們的叫聲。每當軍隊吹著橫笛、敲著鼓樂穿越街道遊行、提醒軍人們返回軍營時，酒店老闆們會發出號令：「Doe den tap toe！」這是荷語「關掉水龍頭」之意，英文譯為「Turn off the tap」意思是提醒客棧老闆將酒桶的龍頭關掉，停止飲料供應，好讓軍人們乖乖回營就寢。軍樂節是全世界最震撼人心的表演，以雄偉的愛丁堡城堡為背景，融合了軍操、樂儀隊、傳統舞蹈的演出。

每年約有二十二萬人匯聚愛丁堡，觀賞這精彩無比的軍樂表演，全世界還有億萬人守在電視前一飽眼福，被視為藝術節必看的節目。

Jessica 受邀上場指揮成可愛的插曲

在開心體驗英式下午茶後，安排欣賞一場俄羅斯交響樂團的演奏。

指揮家很風趣，輕鬆的介紹樂曲，這是一首演奏輕快的世界名曲，還邀請來賓指揮，我們團員秀琴 Jessica 也受邀上場指揮，笑聲不斷，真是令人難忘的插曲。

這是個深度有趣的音樂響宴，讓聆賞古典音樂更 funny！

蘇格蘭國家畫廊

蘇格蘭國立美術館具有新古典主義的建築風格，是著名的蘇格蘭建築大師威廉．亨利．普雷菲爾的作品，這種建築風格象徵着回到古希臘和古羅馬藝術的「純潔」，還藝術以其本來的面貌。

蘇格蘭國家畫廊（National Galleries of Scotland）首次對公眾開放是在一八五九年，收藏了眾多蘇格蘭美術家以及自文藝復興以至二十世紀初的外國藝術家的作品，從十三到二十世紀眾多的歐洲各畫派作品，可以說是人類文化遺產的精髓。

三座愛丁堡的重要橋樑

八月十八日是週日，也是我們的自由行程，領隊 Steven 帶領我們去探訪老師在課堂上介紹的三個愛丁堡重要橋樑，求知精神可嘉。

福斯橋（The Forth Bridge）是紅色的鐵橋，只讓火車通過，是一座知名的橋。

Then，我們搭火車到北貝里克 North Berwick 漂亮的海濱小鎮，小鎮迎面北海 North Sea，到了海鳥中心，您會明顯地看到海上有一個白色的石頭，那個叫 Bass Rock，世界聞名的海鳥島，看起來很像雪白般的夢幻，但是實際上白色的成分是鳥屎，約有五萬隻鳥在石頭棲息。

這附近有一家知名的冰淇淋店，那肯定排隊也要吃的美食，這一天輕鬆豐富且充實的行程！

當晚與 Shereen 有約吃飯，等了約二十五分的公車，上車走了一站，公車突然發不動了（broken down），司機費力啟動，卻有困難，車上原擠滿乘客，頓時下車走了一半以上，只剩少部份人留在車上，我也是其一，因為我也不知如何是好，換下班車還要等三十分鐘肯定遲到，此時靈機一動用光的力量，先深呼吸靜心祈請光的上師、指導靈、天使與守護神協助讓車子順利開到我要回家的路上，沒想到剛抬頭車子發動

了，順利的與可愛 Host lady 的家人共進開心豐盛的晚餐。光的能量運用多年，每回巧合，在最需要協助時總有奇蹟，心存感恩感動感謝！

參觀皇家植物園

愛丁堡皇家植物園（Royal Botanic Garden Edinburgh）建於十七世紀，經過陸續規劃和發展後逐漸擴大，更在二十世紀時與其他三個當地的植物園合併，形成了一個佔地七十公頃的巨型植物園。

一定要造訪的所在

在愛丁堡，一定要造訪的地方是：世界最大的威士忌中心，在此可以品嚐各種蘇格蘭威士忌；流浪忠狗 Bobby 雕像，據說摸牠的鼻子能招財；以及哈利波特作者羅琳常去坐的咖啡店 The Elephant House，她在這兒寫了第一部暢銷小說。我在店裡買了一包咖啡，期許自己喝了羅琳喝過的相同的咖啡，也能趕快出書，果不其然，應驗了！

卡爾頓山丘上可飽攬城市景觀

卡爾頓山丘（Calton Hill）海拔只有一百七十一公尺，融合繁華的商業區和寧靜的住宅區於一體，在山丘上可飽攬城市景觀，一次欣賞愛丁堡新舊城區的景色，是俯瞰愛丁堡的最佳地點。在山上，還有幾個值得一看的景點：納爾遜紀念碑（Nelson's Monument）、道格爾．史督華紀念亭、國家紀念碑（The National Monument）。國家紀念碑乍看之下，很像希臘帕德嫩神殿的國家紀念碑，在一八二六年開工，是為了紀念英勇抵抗拿破崙軍隊而辭世的蘇格蘭士兵而建，以雅典帕特農神廟的造型建造，不過蓋到一半，因缺乏資金，只蓋了十二根柱子就沒啦！因此而被稱為「愛丁堡的恥辱」。雖然如此，還是吸引很多人來拍照，電影或是明星拍攝的場景，也會選擇此地。

亞瑟王寶座已有三億五千萬歲高齡

愛丁堡最美且知名的山就是亞瑟王寶座（Arthur's Seat），這座兩百五十公尺高的山頭，在山頂上俯瞰整個愛丁堡，頓覺心曠神怡，不要小看這座小山，它可是已經有三億五千萬歲的高齡了，它的前身是一座火山。三億五千萬年前，地質史稱為石炭紀，當時熾熱的岩漿隨著隆隆的顫抖聲衝出地面，當岩漿冷卻、固化之後，亞瑟王寶座就此誕生。如今我們看到的火山熔岩所形成的深灰色玄武岩丘，就是這樣來的。為什麼叫亞瑟王的寶座呢？原因是，這座山在現代地質學上的地位之高可以與亞瑟王相提並論，其次，從某個角度看，小山好似獅子的頭，獅子是高貴的象徵，獅子頭更是至高無上，以獅子為寶座，更是表現了高高在上和尊貴無比的地位，所以這座小山被稱之為亞瑟王的寶座也就順理成章了。

從山頂環顧整個愛丁堡，它既現代又古典，熱鬧、繽紛又寧靜、優雅，是一座充滿歷史和文化的城市。我們從山下到山頂再下山，來回一趟，遇見強風驟雨以及陽光普照，對於天氣多變的蘇格蘭，我們已習以為常，衣服濕了又乾了。登頂的台灣老大人們就是厲害，令人刮目相看，大家的腿力、肌力都超強壯的。

到哈利波特城堡騎掃把！

we are old in years, young at heart，到了哈利波特城堡就是要騎掃把，阿尼克城堡（Alnwick Castle）始建於一〇九六年，當時建設的目的是為了防止蘇格蘭人入侵，城牆外都有戰爭後的痕跡，見證了數次歷史革命，曾多次遭到圍攻，險遭摧毀。它是英格蘭第二大城堡，僅次於倫敦溫莎堡，是一座中古世紀的建築。自一三〇九年起，就曾作為諾桑伯蘭伯爵的住所，他很喜歡義大利的風格，就把住所裡面都弄成義大利的造型，至今這裡仍然是第十二世諾森伯蘭頓公爵和夫人的宅邸，而他們大部分時間也都在此生活。

近年來，阿尼克城堡頻頻出現在電影、電視劇作品中，如《伊麗莎白女王》、《哈利波特》和《羅賓漢》等，已然成為英國旅遊的新熱點。城堡裡面有很多關於哈利波特的體驗，像是飛天掃把、射箭、還有盔甲的穿著體驗，因此成為北英格蘭地區遊客數量最多的景點之一，所以到了哈利波特城堡，就是要騎掃把！

不列顛尼亞號

最後一天，我們參訪不列顛尼亞號女王船（Royal Yacht Britannia），船上的貴賓房，柯林頓夫婦及香港回歸時彭定康夫婦曾經住過。這艘船從一九五三年至一九九七年服役，現在退休了，停在愛丁堡的 Leith 港，供遊客參觀。當年遊艇下水與退役時，都是由女王伊麗莎白二世親自主持的，船上有販賣秤重計價的超甜糖果，我買了三小塊品嚐，倒是真好吃。

英國房間、廁所都沒有鎖

英國家庭除了大門有簡單的鎖以外，房間和廁所完全沒鎖，對我們來說，非常沒有安全感，其實關了門，他們從來不會隨意開門，會先敲門示意，確定沒問題才可能入內，廁所亦然，當您放心融入，就會習慣的。蘇格蘭因為在北部，天氣較冷，變化也大，早上下大雨就感覺很冷，下午出太陽又要脫衣服，晚上氣溫就降低，一天中就能感受不同溫度，傘與保暖衣都要隨身帶。蘇格蘭人不太吃蔬菜，大量吃甜食、澱粉類與喝酒。週末假日，無論老小，喜愛酒吧聚會，喝杯啤酒，與親友聊天、聽歌、玩樂是他們的生活，國情、環境不同，民族性、習慣也不一樣，融入生活，保持快樂，一切都美好。

搭船去 Loch Lomond 遊湖！

洛蒙德湖（Loch Lomond）位於蘇格蘭高地南部，是蘇格蘭最大的湖泊，四周被山地環繞，湖中有島嶼三十座。我們在船上欣賞自然美景，開心聊天，並研究 Loch 的讀法，ch 唸「ㄏㄜ」。

格拉斯哥：蘇格蘭最大的城市

蘇格蘭最為人所知的城市是愛丁堡，但格拉斯哥（Glasgow）才是蘇格蘭最大的城市，且是全英國前五大城，很熱鬧，都市化程度很高。我們在市中心的喬治廣場（George Square）下車，廣場的名字來自英王喬治三世。喬治廣場也像一座露天的雕塑館，四處可以看到許多雕像，有喬治三世、維多利亞女王、詩人 Robert Burn、工業革命的代表人物瓦特等名人。我們在格拉斯哥市區Shopping，也進入 Gallery 看展，我們進入一間影片室，地板上設置懶骨頭，讓人可以躺在地板上看影片介紹，很新奇，也順便休息一下。

遇見善心人

我在蘇格蘭遇見一個人，她叫加姆巴（Champa），是斯里蘭卡人，移居英國十年，曾在北京學習護理，會說一點中文。我們相識的因緣是，在我上學第一天，Host lady 事先畫了一張地圖，指點我如何下車、上車，在車上，我拿著地圖不斷對照公車站牌，還不確定要在哪一站下車，坐在我後面的一個女性聲音用中文說，她會提醒我在哪一站下車？我轉頭，看見一位說中文、黑魯魯的女性，倍感親切；她下車時留了電話給我，並說有空會帶我去玩。巧的是，她工作地點就在學校旁邊，住家又離我住宿家庭僅三分鐘。我們遇見幾次，因為行程滿滿，無暇與她同遊。在回台前幾天，我邀請她及家人吃飯，選擇一家氣氛溫暖的印度餐廳，她先生和女兒看來和她一樣，都親切善良，我們相談愉快，享受著印度美食，度過一個難忘美好的夜晚。餐後，我想去刷卡時，她已先付帳，堅決不讓我付錢。我當下給她一個擁抱，開心在英國愛丁堡也結了善緣！

暖心的 Leader 阿信

每回遊學，見到大家從顫驚惶恐到安適，從住宿家庭的不習慣到融合適應，從自行搭公車的忐忑不安到安然睡過頭而仍能不慌不亂回到目的地，心裡就覺得很安慰。每天的學習討

論功課，開心暢遊時，能力體力的磨練，讓每個人成長、成熟，彼此體諒互助，展現更寬廣的胸懷，這些都看得見。但這幾年遊學團能順利、愉快完成，要慶幸我們有一位熱誠暖心的Leader阿信（Steven），這個年輕人不只脾氣修養好，又有耐心，服務精神一流，每一團都指定他，只要看到他在就安心，感謝他辛勞的提供我們服務。

發現原先看不見的自己

遊學益處很多，除了增廣見聞，還可以活化細胞、強化自信、心情愉快、身心健康、獨立自強，我們活過許多歲月，經歷各種生活，依舊有成長空間及認識自我的機會，有時會猛然發現原先看不見的自己。人生有無限可能，要勇於接受並參與不一樣的旅行。

如同哈佛校長說的，「我為什麼要求自己每年要去一個陌生的地方？」原因是：一、瞭解世界，這是每一個旅行者內心的動力，世界有太多東西需要我們去熟悉、去探索，絕不侷居限於學習語言。當眼裡看過更大的世界，心中才能更寬容、更坦蕩。接受彼此的不同，尊重相互的差異，是「瞭解世界」的重點。
二、看過世界，才能更了解自己。在交流的過程，調整自己的溝通能力，懂得彼此合作，才能真正提升自己。當一個人處於陌生的環境，優點和弱點都會更容易暴露出來，這是我們認識自己的機會。

善待自己　享受自己剩餘的生命

老了，還有能力善待自己時，多享受自己剩餘的生命，別懊悔老得快而明智遲，讓自己生活充滿喜樂和豐富，才是真正的愛自己，歡迎加入我們「熟齡遊學團」，成就自己接受不一樣的學經歷，永生難忘的快樂印記！
「熟齡遊學團」能在國外 long stay 一個月，尤其是歐洲，是一個奇妙的旅程，我們看到了真正的慢活與精緻生活樣態，雖然食物沒那麼好吃，但也餓不了。眼前所見，皆是綠意盎然的大草坪、大花園，草原上，牛羊悠哉遊哉、肆意活動、自由自在，與花團錦簇的美麗風光，人們禮貌、守秩序、重視隱私，安靜的不干擾別人，喝茶、喝咖啡、吃甜點，看來都很優雅。我要讚嘆一聲：就愛英國的田園生活！出走一趟，您一定會發現不一樣的自己！

遊學團平均年紀六十七歲

有人說我很勇敢，敢帶一群老大人到英國遊學四週，參加的最大年紀八十三歲，平均年紀六十七歲。

其實，當你了解老年人口的快速變化及台灣老人的素養，你就不用懷疑與擔憂太多。八十三歲的秀蓮，每天可以打網球、游泳，還在當志工；七十歲的阿三哥，腳有受傷過，他走南極，北極、西藏，從首發團就沒缺席；阿敏七十五歲，是家政老師退休，她參加多次說明會，並與惠安旅行社工作人員多次接觸後，才放心報名，她不需要家人陪同，獨自完成旅行；淑美剛退休，從沒出遠門，在家人不支持的情況下，毅然報名參加，一個月的遊學歷練，讓她更獨立自信並勇敢做自己；英蘭是老師退休，出發前還在猶豫不決，在我激勵下整裝出發，從焦慮到能獨自在英國搭公車上學、採購，與住宿家庭媽媽從無法溝通的懊惱到如魚得水找到溝通訣竅，她改變最多的是變得開朗、自信與果斷能力，回國後，她的家人還特別感謝我；Sony 是理財專家，也不斷在學習英文，在英國遊學一個月，英文表達更如魚得水、精進快速，遊學期間，網路無國界，依舊下單理財，還成果豐碩；John 是廣告公司老闆，為人溫和善良，因為服務熱誠負責，被選為班長，把團員照顧得無微不至，讓團員每天都笑呵呵，他參加遊學的目的應該是要全然慢活與放鬆；Janny 與 Cindy 是真的要用心學好英文，旅遊是附加價值；悦治是我忠實聽友，她純粹是想跟我一起旅遊，但她的韌性、耐力、獨立及學習精神，讓我好感動，她身形瘦弱卻好勇敢，就算有一些不舒服，都能獨自克服，所有行程沒漏過；Bens 每天都把自己打扮得很亮麗，上課時開心上課，遊玩時盡情遊玩，看到喜愛的小禮物也不錯過，一副悠遊自在，笑臉處處，應該是修行到位的女性；Season 與妙姐是國營企業高階主管退休，見多識廣，參加遊學是體驗不同旅行，其他團員也是。大家都願意接受不一樣的學習，勇於參加不同的活動，每天生活快樂自主，令人尊敬。

勇於來一趟不一樣的旅行

「熟齡遊學」與一般旅遊不同：一、深入外國風情，二、獨自與外國人生活，三、語言的克服與勇氣，四、體力與耐力的考驗，五、團員間的融合。經歷後，你學到了：一、更了解自己的能耐，二、更勇敢接受挑戰，三、更有自信，四、更快樂和健康，五、更清楚自己後半生要怎麼過，六、更獨立自處，七、以更寬廣的胸懷去接納不同事物。尼采說：「對待生命不妨大膽冒險一點，因為好歹要失去它。」不斷的學習及接觸新事物，絕對是預防老化的法門。熟齡遊學首發團的成功案例，至今參與人數已達百餘人。我們有幸參與了，歡迎你也勇於來一趟不一樣的旅行。

（田園 LOHAS 雜誌第 14 期，July 2018，對「熟齡遊學」也有詳細報導。）

七、Lily 觀點篇

處理任何世事時，幽默感是很重要的能力，在輕鬆中，容易解決問題，同時能考量周全。

成為自己第一步

不說謊！有意識的覺察自己說出的話，清楚知道是自己的內在說的，還是小我說的！有無不實？何以不實？善意、惡意或情緒？這個功課就夠嗆了吧！修行其實很簡單，即在自己身心上面下功夫。

保持身心的靜止

晚上無法安睡是現代人通病，生活過得不好、不順，如：工作、婚姻、感情、身體病痛、財務缺口、缺少朋友、無聊寂寞等等，若不積極處理，每天都如此，就變成慣性，最後就自怨自哀，朝負面發展，永難回頭，生命因此而消逝！人生總有不如意、不舒服的時候，無論身或心，都要積極處理，首先就是讓身與心都要靜止。

所謂靜止，即不動、不說、不聽，只是放鬆與覺察。所有的「果」，絕不是一天造成的；只有靜止，才能覺察問題核心，找出修正調整之路，否則，不舒服就會不斷的纏繞在我們的生活中！

有智慧才會一切了然

生智慧，是一生都要學習的功課，與是不是教徒、什麼信仰無關！有了智慧，一切了然，無憂無慮！學會了尊重不同，才有真正的愛和慈悲！

人間就是天堂

有人說：「信我者，得永生。」那不信呢？若你說是萬能的神說的，那我更不信了。

因為，既為神，卽是愛的化身，神怎會如此對待不信祂的人呢？而佛的說法呢？阿拉的說法呢？

佛就是佛，誰揚、誰謗、誰信、誰不信，祂都是佛，因領會不同而已，不是信就善，不信就不善，尊重不同，方能生慈悲，也才是神佛的精神！

人因內在恐懼，以神為依靠，以佛為信仰，用自己認知的方式解釋自己的真神。然而，要依靠神佛幫助我們內在平靜、心靈安詳，先決條件就是自己要有善、誠、努力、愛，及不傷害眾生，因為人是來學習的，神佛只是精神的依託！進不進天堂、往不往西方極樂世界，最終都在自己所做所為，為何要死後進天堂？人間即可是天堂、是西方極樂世界！死後，誰知道呢？

覺察與察覺是一種能力

這是一種內在反應現象：

當一個人說：「不是我吹牛」時，他就要吹牛了。說：「不是我打擊你」時，就開始要打擊你了。說：「不是我批評你」時，就要批評你了。說：「不是騙你」時，就要騙你了。說：「聽到別人講什麼」時，其實就是自己說什麼。說：「我是為你好」時，是為自己好。真正有善意的人是不會這樣說，所以能不能覺察與察覺，是一種智慧。

我行我素

道人說：「有大智慧的人，不活在別人的嘴裡，不活在別人的眼裡。識自本心，見自本性，不起妄緣，自由自在，我行我素，動靜自如，冷暖自知，活在當下就是修行。」

我總是我行我素，自己的人生自己揮灑，以最輕鬆、最 easy 的方式進行所有的事，也就是選擇阻力最小的路過日子，幸運的，有老師認同我。所以，幸福很簡單！

幽默感是很重要的能力

教宗方濟各說，「他每天向神祈求賜予幽默感，以便當個稱職的教宗，而他最厭惡的是馬屁精。」

所以，處理任何世事時，幽默感是很重要的能力，意思就是，在輕鬆中，容易解決問題，同時能考量周全。

拍馬屁是領導者週遭常發生且永不止息的行為，因為，慣常拍馬屁顯然是無實力者的生存之道，睿智的人擁有幽默感，同時也不會有馬屁精環繞。

活著才有安樂

「安樂死」其實是一種期待與希望，對即將死亡的人或是家人，誰又能勇敢無懼接受或面對且斷然執行？

大家都希望自己好死，但好死不是自己期待就可以的，應該是上天決定。且看，眾生生生死死，好像都不是自己選擇如何死（自殺是非自然的，不算），活人比死人還辛苦，不知死期將至，一點都不害怕，要是知道了，應該更害怕吧！活死人到處可見，不知自己活著其實是死了，猶如遊魂一般！所以，死是沒有安樂可言的，死就是死，活著才有安樂，有魂、有體、有愛、有慈悲！

所有的業都要自己承擔

我們常常忽視一個危險的概念及行為：即，當自以為在幫助別人時，往往干預了別人的學習和成長，甚至是干預了因果！

我們對待自己親人和孩子時亦同。我們常說：「我都是為你好。」殊不知，這個干預就是一生，然後再次輪迴，而這個干預，所有的業都要自己承擔！

讓自己變得更好

好心有好報？

助人呢？我們是在助人？還是要填補自己內心的不安？還是要克服自己的恐懼？我們是在阻礙受助者自立自強與學習的機會？還是展現自己比別人好？

真正的助人只有一個簡單的法則，那就是讓自己變得更好。

安自己的心比較重要

新年時，很多人問：何種生肖要安太歲？我說，我不信安太歲這件事，以前跟著長輩安太歲，有時也不平安、不順利，沒安太歲也是如此，安與不安，每年狀況都差不多，有不順、有不安。近幾年，我把重點放在自心，先安自己的心，搞定自己的情緒，隨時保持平靜與快樂，每天抽空運動、看書，不做虧心事、不說長道短、不批判、不謾罵、不生氣、不大聲說話，好像一切也沒事，安自己的心比較重要吧！

八、隨　想

貴人不是求來的，而是遇見的，一旦遇見，就當珍惜一輩子。

什麼才是屬於我們的？

忙了一輩子，我常想：什麼才是屬於我們的？

有能力愛人比被愛重要

好好開心過每一天。
好好珍惜現在擁有的。
有能力愛人比被愛重要。
能笑、能跳、能動、能哭，並好好珍惜這樣的能力。

不管多隱密　終要見陽光

太陽底下沒有新鮮事，我們做的任何事，說的任何話，只要是虧心事、傷人的事，不管多隱密，終要見陽光的，就算這一世沒揭發，後世也會漏餡，因此沒有秘密。

我喜歡看金星秀，因為主持人金星的觀點，符合世界觀及潮流，包括回應觀眾問題，皆切中核心、不矯情，例如：投資理財，不買房、不買股、不收藏。事實上，很多人買房、買股與收藏古董，人生都拗在裡面，最後賺錢的人還是少數，賠錢的人多數，甚至賠了一生。

不過，我有房，在台北市區，一幢電梯大樓二十多坪的房子，是我安身的地方；我也買股，運用我收入的一部分餘款，挑選一家善良用心的經營者，且每年業績成長、固定配息的股票，如台積電、微星；我不收藏，因為不懂，也沒有空間存放。

每個人都有選擇，快樂、健康都需要經營，自己的人生自己鋪排。歲月悠悠，相信想怎麼收穫就應該怎麼栽，最終，「心」決定一切。

學會當個輕鬆的父母

有人問我：「女兒那麼美，聘金要多少？」

我回答：「她結婚，給兩桌，讓我請至親好友同歡。」

我不收禮，只打扮美美的去參加，小孩長大了，就應該由自己處理自己人生的任何事，父母只需要給予祝福與支持，我們要學會當個輕鬆的父母，孩子也才能學會人生的大小事！

人生是賭？還是運氣？

小時候，我所有的玩具全是賭贏的，如尪仔標、玻璃珠、龍眼籽、酒瓶蓋…等，家裡的床底下擺著滿滿的戰利品。過年收到的五元壓歲錢，還可以讓我贏上百元甚至更多。

只要玩或賭，贏家大都是我；一直以來，經驗都是如此。是我的運氣特別好嗎？參加考試，不管是學校的、公職的，還是正聲廣播電台，好像也沒那麼辛苦努力讀書就考上了。考上蘭陽女中時，更是跌破大家眼鏡，一個小車站周圍的小村莊，就只有一個穿藍上衣、黑裙子的女生，沒人不知道這是誰的女兒。

我學校沒畢業就有工作，老師開的化粧品貿易公司找我負責所有業務，而父親執意要我選公家單位，最後，我還是選擇自己喜愛的廣播，一做就是三十五年多，做到六十一歲辦理退休，之後還兼了一個廣播主持節目、演講，工作從沒停止過。

職場上只要我經手主辦的活動，如兒童廣播營、氣功班、演唱會、跨年晚會、聽友會，也總是令人滿意，賺了錢又得名氣。出錢單位有時會問一個問題：「活動會不會成功？」，我都是這樣回應：「當天還沒到，哪知道？但這之前，每一次都圓滿。」這也是好運氣？

婚姻破局是唯一缺憾，但這未嘗不是好運氣，因為不用受苦、受折磨太久，給我一個人的人生，依舊過得生動、精彩、豐富且快樂。總之，我總是有好運氣。

我感恩並珍惜這份好運，更愛護自己，繼續我的美好人生路。

命理老師說命運

這是一位命理老師跟我媽說的，關於我。要好好管教，不是將軍就是黑道老大。要好好待她，以後吃穿靠她。

還好媽媽聽進去了，從此對我好一點，第一點不提，第二點倒是很準的。

通靈的林老師說，我來自道家老母，因為意見多，不聽管教，被打下凡間學習；我一生不缺錢，會幫助別人，見義勇為，遇難有神護著，若再不修行，就回不去天庭。正巧大陸道家簡師父也如此說，遇難，我總是能否極泰來，安然度過；賺錢不難。這些不假，姑且信之。

信仰媽祖的習慣領域專家又懂姓名學的施勝台總經理說，我是發號司令、獨立的狗，有錢，有權，沒有婚姻。好像也有準。

對命理，我的態度是：只要說好的都信，不好的就忘記。我還是深信：命運操控在自己手裡。

退休感言

二〇一九年六月一日，我從原來的職場即正聲廣播公司正式退休。我在這兒服務了近三十六年，從戒嚴時期到頻道開放，從媒體的鼎盛到衰落，從兒童、財經、綜藝，一路做到老人節目的製作與主持，從純節目做到置入廣告行銷，從廣播做到外場的活動主持，從二十多歲做到六十多歲。

期許當一個社會教育工作者

從一開始，我就定位自己是社會教育工作者，一路自我學習，練就一身功夫。我認識了很多董事長、總經理及各行菁英，從播音員、導播、副理到台長。很多人問我，此時正值巔峰，為何急退？其實，從我完全結束節目主持工作（二〇一九年三月三十一日）時，我就打算退了，在這許多年間，有人因為不健康而變得健康，如韓大哥；有人被好朋友借走積蓄，傷心得活不下去而被化解；有婆媳之間存在嚴重問題，婆婆聽了節目，改變對媳婦的態度，媳婦打電話來感謝；有孩子因媽媽教養態度調整後，影響孩子也加入收聽行列。我的聽友多年黏著節目，當金珠姐姐對我說，現在沒有我的節目聽，像丟了什麼東西找不回來時的不安，我真的很不捨。但人生總是有得失、離聚，離開這個舞台，一定還有不同的，我還是期許自己當一個社會教育工作者。感謝我所選擇的「正聲」，成為我圓夢的舞台，它是一家全台最優、福利最好的媒體，在媒體業衰落的此時，它早已轉型成功。我們的夥伴都非常優秀，每一個人都被訓練成全能的人，這就是「正聲」屹立不搖且蒸蒸日上的原因所在。

我的一生一直都很任性，爸爸希望我當公務員，我就偏偏選擇他不知道的行業，直到一九九五年，他與母親趕頭班火車從宜蘭到台北，看了我在二二八和平公園舞台穿著禮服主持正聲調頻台的週年慶活動，我才從他的笑容裡看到欣慰。或許，我會再任性一回，離開心愛的廣播舞台，另外開創一個不一樣的自己，一切都源自於我對自己的人生，堅持由自己鋪排與承擔！

動力來自不一樣

我喜歡做不一樣的事，嘗試新的生活模式，也認為安逸創造不出新東西。結婚、離婚、養孩子、工作、主持各種型態的廣播節目，範圍廣及兒童、音樂、財經、婦女、綜合、老人、商業廣告等，舉辦過的外場活動，像兒童營、氣功班、演唱會、熟齡遊學等，也很多元。我知道，自己的動力來自對「不一樣」的追求，勇於改變，包括快速決定退休，打破固定型式。

有人問：妳的概念從哪兒來？

我回說：睡覺時。

每晚睡覺前的感謝

這是真的！因為每晚睡覺前，我總不忘謝謝今天的順心平安，給光的上師、指導靈、天使、守護神及主公感謝及道晚安，然後我就能安然睡到天亮；很多的靈感常出現在睡與不睡之間，若不即時筆記下來，事後常會忘記。

所有事 是必須經歷才會知道

夏老師有一次上課時提到下面這一段話，我覺得很有道理，就把它寫下來：

一、生活中最重要的問題，通常是無解的。問題無法被解決，只能被取代。

二、來到人世間的，只有一件事情是自己選的：選擇父母親，這是啟動學習課題用的；而孩子的學習課題，則是隱藏在父母親的行為裡面。

三、接受是指「接受生命藍圖的安排」，接受的本身是完全沒有情緒的，做就只是做。

四、你生命中「不要」的，必須要經歷過，才會真正知道。

您都安好嗎？

心正則邪不入。運氣好不好，身心安不安寧，被騙與騙人，本是一體兩面，自己最知道。

活在這世間，所求的，也不過是吃、穿、睡都安好，最終只是心靈安祥。有法、無法，傷人、助人，僅是一念之間，要等「果」現前了，方才知曉。

別輕忽了，無常可能隨時到！

親愛的眾生，可安好？

天道無親，常與善人

老子認為，宇宙自然的大道，沒有親疏之分，公平對待萬物，平等對待每一個人，它永遠只福佑良善為道的大德。

這也是我的深刻體驗。只要做的是善業，自有神助，心想事成，從沒失敗過！有人破壞，必然自傷；職場多年，我總是安然度過各種考驗，一生安康無缺。

堅持「善」才能與神靈相應

簡師父說，這正是因為堅持「善」，才能與神靈相應，才能獲得保佑，逐漸形成良性循環的果報！

最近靈感滿點，退休沒讓我疏懶，也沒少練功。

多話惹煩惱

人世間很多苦惱，皆是因「話」引起的。少說話，肯定好處多；看天看海，閉嘴就好！

保有自己的率真和坦蕩

「率真、坦蕩，自然是好事，只是防人之心不可無。」這是從小被老師和長輩一直耳提面命的事，現在卻被孩子提點。
我總是衝鋒陷陣，一往直前，唯一的原則是：「只要對多數人有益，不傷害眾生」，就可以。
六十多年生涯中，從未爭過自己的權益，也從不知危險性，至今過著豐盛、平安、喜樂的生活，不爭卻擁有更多，不取也無缺；奇特的是，欲傷害、打擊我的，最終都自傷。古語說：「邪不勝正」、「舉頭三尺有神明」，我領略到了。
我敬天、敬地、敬大自然、敬善良是王道，還是保有自己的率真和坦蕩，管他的小人，以前安好，未來更無事。
「覺悟不嫌晚」，這句話是真實的！

保持對未知的敬畏

我們常以為：自己懂很多，經驗很多，看到很多，而忽略了：這些可能是假象。
因此，要小心自己的已知，隨時保持對未知的敬畏，才是關鍵的學習課題！
要多運用自己的思考與判斷，若要防止被騙，就需要訓練自己的觀照力。

別被外在表象矇蔽

我們常會看到或遇到，宣揚自己是世界冠軍或什麼領域大師頭銜的人，若再多觀察這些人的言談舉止，大都大言不慚、大放厥詞、誇大其詞、炫耀他們認識多少大人物、到過很多國家；至於愛情專家，他們自己的婚姻其實一團糟。

當然，早期我也常被外在表象矇蔽，以頭銜、名人或暢銷作家的身分而崇敬之。幸運的是，我能因工作關係，深入了解背後的真相。閱歷與經驗讓我知道：真實無需太多包裝，真人不在乎名銜，表象的誇大，其實更顯其心虛。腳踏實地、一步一腳印的人，往往都是保守且低調，不濫情，不攀緣！

不老的氣質和神色

村上春樹說：「有一種人，歲月好像遺忘了他們，一輩子似乎都不會老；這些人，老去的只是年齡，不老的卻是氣質和神色。」

那是他們都注重以下這些特質！

有一顆童心。
注重儀表。
經常旅行。
心地善良。
活到老學到老。
有生活情調。
堅持運動。
年輕。

我引用村上春樹上面這一段話，跟大家一起分享。這是肯定的，只要你做到，你就知道這是真的。

你觀察這八樣，是不是很像我？哈！

人生沒有回頭路

生命的路，只能前進，無法後退。無論是崎嶇、是平坦，踏過去就是，反正沒回頭路！

但別忘了，偶爾停下腳步，欣賞沿路風光！

生命的核心價值

能被人理解是一種幸福，直心、善與誠是生命的核心價值。

人身難得，光陰易逝；活著就學習、練功、修煉、服務、玩樂，並開心做自己！

我一直奉行老師的教誨：

得了不該得的，會失去該得的。

不修會被修。

做到就知道。

懺悔與感恩是救贖與療癒的最大能量。

不做審判者。
接納不同，學會尊重，自己不受苦，身心自由！
生命是單行道，向前走！

無聊、無趣、無味的日子？

你會覺得時間太快？或日子無聊、無趣、無味嗎？
我對生活的處理方式是讓自己每天學英語、練功，做點沒做過的新鮮事；讀一本難讀的書，例如史記；安排一次短途或長途旅行，例如遊學。
愛看課外書是小時候養成的習慣，我喜歡新書紙張的味道，看書時習慣劃線，再用鋼筆將喜歡的文句謄寫在筆記本上，至今已有多本筆記，剪貼簿也有十多本。
練功其實是一件快樂的事。在八十分鐘裡，先調整好姿勢，雙腳與肩同寬，命門後抵，脊椎挺直，全身放鬆站定，閉上眼睛，觀想身在深山一潭清澈水池邊，專注在每一個動作和呼吸；我就在那裡，連空氣的味道都是甘甜的，一個、一個動作完成後，收功。近二十年練功的經驗，效果讓我驚艷，因為至今沒感冒、失眠、慢性病，練功期間同時也少吃醣類與精緻澱粉類食物，我因此更能快樂做自己。

人世間什麼是寶？

吃得飽
穿得暖
有的住
有的用
容得了
笑得出
睡得著
拉得出（友人補充）
走得動

年歲長了、人老了，要如何過日子？

我會如此做：

照顧好自己的身心，保持健康，小酌、運動練功、喝咖啡。要自信、自在、自由的過日子，包括錢財，不受外境影響，開心做自己，同時注重精神與心靈素養的提昇，讓自己有韌性與任性的變老！

有趣很重要，有趣的人一般都是心思單純的人，心底有愉悅，對於得失沒那麼計較。有時候要點小賴皮。

多與有趣的人一起，同時讓自己變有趣，生命在有趣中行進，有趣中結束，所以活得有趣很重要。

快樂是不需要任何理由，當我們要快樂時，我們就能擁有即意識創造實相。

好心腸會有好下場

我從小就不是個聽話的小孩，好打抱不平，想法多、問題多，凡是求真實，問個究竟，尤其神與鬼的問題，問大人拜什麼？求什麼？為何怕鬼？

在職場上，有人欺負、打擊我或有人被欺負，我會反擊，不管他是什麼身分，一定不呼嚨了事。奇妙的是，最後我屹立不搖，而他們都退場了。在我更有力量保護自己或他人下，確信了一句話：「邪不勝正」，深信人只要有一顆慈心善念，只要不是為一己的私利而是對多數人有益，勇於接受挑戰，上天自會護佑，好心腸就會有好下場。

我給自己訂了法則：「不取不該得的，不傷害眾生與幫助弱勢。」我從未為己爭過權益，有趣的是，上天也讓我無缺、富足，學會看自己有的，不看沒有的，隨時保持懺悔、感恩與平靜。多年來，安祥與平安與我同在，一旦有人求助，即馬上行動，當明白及清楚自己能力有限時，領會了「呼」和「應」的作法，身心從此更安閒。

慶幸一路遇到有智慧的老師教誨與幫助解惑，而隨時保持清明是自己每天的功課，從眾生再往回看自己，發現人生不過一場夢幻，幾十年歲月，何必爭來爭去、傷人又傷己？而我們為了得到權益名位後，會失去什麼呢？眼前不知道，有一天你心悸、失眠、不安、慌亂神識、或失去最親的人等種種噩運及不如意，你能意識到那是為什麼嗎？遇到就知道，果現前也能覺察，但若完全不知，只能繼續混沌過日子，傷人再自傷的輪迴。

所以，我寧願留下的是別人口中的一句感謝，這樣的結果更讓人欣慰與安心。人生有苦有樂，全在我們自心，只有自己明白心神是否平安，我們為何要選擇虧待自己及別人呢？

不猶豫、不後悔的人生

夏老師：「有選擇就有痛苦。」

哲學家：「人面臨抉擇而無法取捨時，應該選擇自己尚未經歷過的那一個。」

如果人生分為兩部分，那麼前半段應該是「不猶豫」，而後半段就是「不後悔」。

我的人生沒有後悔，而我選擇未曾經歷的！朋友們，您呢？

九、我的感情世界

人的相處就是憑感覺。年輕時選對象，永遠有條件，老了，需要的伴侶是什麼呢？感覺輕鬆舒服最重要。

我的感情觀

這許多年來，很少人和我談及我的感情世界，或許覺得我太單純，或許認為我很複雜，但看我外表，好像問了會被打槍的樣子，所以也沒人問我離婚後如何過單親的生活，苦或樂？

我的感情路

因為覺得很受傷與身心的極度不舒服，得了憂鬱症（但當時並不知道自己病了），為了讓自己活下來，於是我就轉身離開了婚姻。我真的不知道什麼是婚姻？

少女時代，我一心要當一個經濟獨立的職業婦女，抱定主意，沒有完成所願就不涉入感情甚至婚姻，專心準備各種職業考試。其間，遇到好對象也沒完全投入，只要談及婚嫁，即刻逃開，從沒覺得懊悔過。

在一個晴朗炎熱的午後，我與一位學生時代參加中橫健行隊時認識的同鄉，在羅東菜市場不期而遇。讀書時，我們曾有短暫交往，只是保持純純的感覺；離校後也就失去聯繫了。當時，他在調查站工作，而我在正聲宜蘭台服務；他因健康問題回家休養，我因母親住院，下班跑醫院照顧；那段日子互動頻繁。在我忙碌無暇時，他主動幫忙照顧母親，讓我心生感動和憐惜，於是發展出男女情愫。母親出院後，我們感情快速提升，雙方家人都知道兩人交往，只是各有不同想法。他有一位善良慈愛卻不幸罹癌的母親，待我極好，我真的願意照顧她，而他父親認為，兒子條件不錯，可以另找學歷好一點且不那麼胖的女孩。我的母親認為，他是獨子，身體又不好，問我能否端好人家的飯碗？當時他得了遺傳性憂鬱症，身體狀態時好時壞，讓我心裡惶恐又擔憂。結局是，我們分手了。這是我的初戀。

我們分手不久後，他接受父親的安排，認識一位高瘦優秀的女孩，且快速的訂婚、結婚。本以為自己可以走過情傷，卻沒那麼堅強，獨自一人傷心。就在此時，我認識了女兒的父親。他溫和有禮，積極追求，母親非常喜歡他，我們也快速的結婚生育。他愛我比較多，而我因為他愛我，也慢慢認命；我們過了一段平凡但算是幸福的婚姻生活。

終於明白，「婚姻不是兩個人的事」。在婆家，我遇到很多沒遭遇過的事，當刺耳的話越來越多時，我開始不快樂，那種想死的念頭一直盤旋腦際。有一天，我抱著孩子，準備付出行動；走在十樓的陽台上，千鈞一髮之際，聽到一個震撼的聲音：「外面風大，抱小孩在陽台幹什麼？」原來是公公，一個在家從沒聲音也不大講話的人。他的聲音著實驚嚇到我，回了魂之後，我慢慢移動腳步，離開陽台。當腳踏進屋內的那一刻，一個豁然開朗或當頭棒喝的感覺，在腦海裡出現：「死都不怕了，還有什麼好讓我害怕的呢？」因為，活著才有未來，沒有快樂的媽媽，哪會帶出快樂的小孩？於是毅然決定離開這段婚姻。那時，我三十二歲。

我很慶幸，有疼愛我的父母，從沒當我是離婚的女兒，而像未出嫁前，隨時都可回娘家。我也因為工作穩定、經濟獨立，以及一群好朋友關照，漸漸恢復過去那個無憂無慮、直白、無心機、開心的女孩。

離婚後對感情的態度

離婚後，我對感情有自己的處理方式：

一、不涉及彼此的金錢借貸。
二、不涉入別人的婚姻。
三、接受彼此的關懷照顧。
四、接受也尊重各自選擇的生活型式。
五、彼此開心相處與陪伴。
六、保持彼此單純的關係。

一個人過也是如此！

離婚後，我也曾遇到幾段感情，或許是不讓自己有感情負擔，而我對婚姻也有恐懼，所以都沒用心經營，只隨他自來自去。後來，因為對氣功與靈性課程產

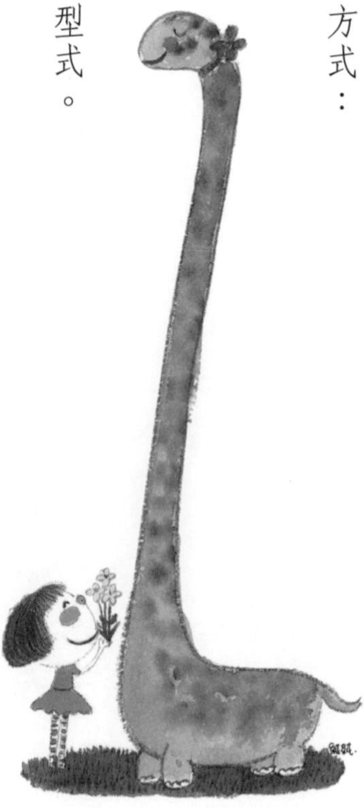

生濃厚興趣，於是專心修練，領會一個人獨處的樂趣與自在，開心過日子至今。

一場意外的邂逅

二〇一七年九月二日，因緣際會，參加「熟齡遊學團」，在英國德文郡潘恩頓鎮居遊一個月，與來自奧地利的隔壁班同學擦出一段火花，這肯定不是我能預料的事，而是被這位積極、正念、有耐性的外國人感動，他永遠「It doesn't matter」，讓我輕鬆愉快的與他相處，當然我還是我。

多少人不能理解，「當無所求時，才會遇到真實。」過去，我們都在有條件的情況下相愛；現在，我也在學習願意去愛人，補足兩性關係的學分。感恩上天厚愛，給我不及格的功課再補課的機會，接受並享受這愛情的到來，不管現在的年紀和以後的結局。

他說德語，我說中文，我們用英文溝通，這是一個有趣的邂逅。我們一起在英國德文郡潘恩頓的小鎮遊學而相遇。他是奧地利人，他英文比較好，而我是初學者，為了讓我英文進步，他當起個別指導，我表達錯誤，他更正並要我

repeat，現在我們可以有更多的 small talk。我說，我們當一般朋友就好；他說，我們為何不能像年輕人一樣勇敢追求愛？

我說，他老了；他說，我也不年輕；我說，我們大不同；他說，他是男人，我是女人；我說，我們有很大的文化差異；他說，這樣很豐富；我說，我英文不好、不會煮飯，他總是「It doesn't matter」；他說，喜歡我的調皮、幽默、常駐的笑臉，帶給他很多的陽光與溫暖。他觸動到我的心，因為被了解是一種幸福，我最大的優勢不就是如此？是個好玩的開心果。

工作是技能，生活是本能，人的相處就是憑感覺。

年輕時選對象，永遠有條件，老了，需要的伴侶是什麼呢？感覺輕鬆舒服最重要。我以為，自己心裡不住人最無煩憂，確實，多年放空，自由自在，愛也無愛；現在有了一個外國人，常常問妳：今天做什麼？明天做什麼？下週做什麼？現在時間多了，也不覺得煩，卻有一絲甜蜜與樂趣。問自己：愛或無

愛？其實也沒有真切的答案，反正學著接受所發生的一切好事。

人生就是這麼有趣，沒完成的功課終究要補修，誰可以住到我心室？那就隨緣吧！

不是沒有對象

我的情愛事件均發生在四十歲之後。

我小時候長得古錐，人見人疼，在村子裡到處吃得開。小學、國中階段，還算美麗可愛，也有男同學寫信給我，表達愛慕之意。有一回，爸爸攔截了一封寄給我的信，沒經我同意就開啟；等我放學回家後，才把那封已拆開的信交給我，說了一句：「字寫得像鬼打到，還敢寫情書。」之後，我就很認真練字體。

國中畢業那個暑假是我惡夢的開始，因為考上第一志願蘭陽女中，爸爸很開心，整個暑假都讓我大肆吃喝玩樂，那也是我最開心、不用起早幫忙農務的日子。向學校報到時，才發現體重增加了五公斤，從此就回不去了。在學校，我遇見五位全校最胖的同學，後來我們成為最好的朋友，其中三位分別在媒體業闖出名號。

進入職場後，在公務部門比較沒有外型的問題。遇到初戀對象時，就被對方家長嫌太胖；失戀後，瘦了一點；後來與女兒的父親很快地結婚又離婚。因為外型關係，我的情愛世界還算單純。

工作後，注意體態

因為在電台工作，並常常需要主持外場活動，就開始限制自己：少吃多動，晚上七點後不進食，每週一天不吃固態食物；總算讓體態看起來可口一點。所以，年紀越大，反而桃花越旺，四十歲後，約會不斷，但對象多數是非單身或假單身。也曾有公眾人物要我成為他的小三，他可以給我台北市東區的房子，我說：「可以，唯一條件是公開。」於是他打了退堂鼓。

什麼是假單身？即是與太太分居，有的可以公開，有的有忌諱，與他們交往，我保持純聊天，不涉入情愛，因為原則明確，所以還是單身，也沒緋聞。

有職稱董事長的商人，與老婆分居，修養學識均佳，對我甜言蜜語，我們相處契合，以為找到靈魂伴侶。他不斷告訴我，會與老婆離婚，我久等不到後，隨即收回感情。

只要單純的感情，開心過每一天

女兒讀國小時，我遇見一位離婚男士，我們交往了一段時間，雙方家庭見面後，女兒說我不適合他，因為他太傳統與嚴肅，而我喜歡自在輕鬆的生活，聽起來有道理。女兒隨後又說：「爸爸再婚，妳又再婚，我怎麼辦？」這句話給我很大的觸動，我聽見了，從此斷了再婚的念頭，陪伴女兒成長。

女兒工作後，告訴我：「找個老伴吧！」我說：「妳嫌棄我老，要丟給別人照顧啊！」當然，這只是玩笑話，但此時的我，隨遇而安，隨順因緣，不拒絕，不強求，還是要單純的感情。有之，我幸。我依舊開心過每一天。

依舊單身

人生若有了慾望和情感，就無法自由自在。世間事，轉眼成灰，開心、安靜過每一個現在，最重要。

在情慾世界裡，我很少動真情，忽忽而來，忽忽而去，愛時停留，不愛時離去，很少懷念及傷感。早已練就獨處的能力，一個人過日子，輕鬆自得，無煩無惱。工作之餘，看書、練功、爬山、玩樂，每週一堂夏老師的心靈課程，如此日復一日，轉眼已過一甲子，依舊單身。

獨身是我自己的選擇

一回在夢裡，突然發覺，情愛與婚姻的功課尚未完成，於是自己思考：是不是應該調整情愛觀，學習付出和接納。但性格已定，也只有任憑它風花雪月了。或許真如多位大師預言的：獨身是我自己的選擇，這一世終將孑然一身，享受不到鶼鰈情深。當然，也沒負擔和折磨。

十、【給女兒的信】

女兒：

夏老師說過一段話，我把它送給妳：「保持平穩愉快的心情（好脾氣、好情緒），不停的向前移動，每天都是新的開始，新的展望，新的提升，不斷學習，必須要有新的元件，跟上宇宙的脈動。」

妳肯定會越來越好，生命豐富且快樂。謝謝妳一直都讓我安心、開心過日子！

愛妳！

是不幸也是幸運

我永遠記得妳出生的這一天，黑黑瘦瘦小小，才二千五百公克，插著鼻胃管，護士和奶媽都說妳不吃不睡，看著心疼。可是在我身邊，妳就安穩的吃與睡，沒給我困擾。我把妳當寵物，養得很開心，不知不覺，妳就慢慢長大了。

當妳八、九個月時，我抱著妳坐在腿上，跟妳訴說媽媽的心事，妳似懵懂的雙眼默默滴下兩行熱淚。我好驚訝，似乎妳聽懂了什麼；當下妳教會我，原來小孩是能感受大人的想法的。從此，我對任何孩子都是以朋友的態度相待。妳想知道我當時跟妳說什麼嗎？我說：「女兒啊！妳那麼小，我捨不得丟下妳，但是若是媽媽不快樂，妳也一定不快樂，媽媽不知道怎麼辦？」

後來，媽媽決定先留下妳，自己離開，當然也讓妳受苦了。這其間，我們經歷了很多的艱苦，這苦，不在我這邊，是在妳那邊；我的苦只是放不下妳，而妳需要承擔我要承擔的，這段經歷也造就妳堅強的性格。當我自立自強了，妳也回到我身邊，事實是被趕出家門，是不幸也是幸運。他們不了解妳和我的個性和想法，他們不能擁有像我們這種人。從此，我們能生活一起，過得很開心，而妳也和媽媽一樣，學會努力、堅定、善良，讓自己更好，得到更多。

謝謝讓我們成長的人

生命的故事很多，我們只是一小部分。上天照護我們，讓我們平安、順利與健康的度過每一天、每一年，以至於今。今天的豐富與開心，是許多人幫著我們、關照我們，所以我們要心存感恩，永遠謝謝天、謝謝地、謝謝眾神佛、謝謝讓我們成長的人！

對妳的期許，只希望妳過得平安快樂，懂得為自己負責。媽媽真的以妳為榮，慶幸有妳的照護，謝謝妳讓我無憂無慮地工作與生活。愛妳，妳真棒！

十一、【後　記】

給大家深深一鞠躬！

過年期間，因新型冠狀病毒引起的肺炎影響全球，全民搶買口罩，多處封城，都在隔離，我沒有驛動的心，安然在家寫這本書的書稿，方能順利完成。

沐浴在神聖的恩典之中

什麼是「恩典」？《佛陀的女兒一蒂帕嬷》這本書的作者艾美史密特 Amy Schmidt 解釋「恩典」的意義，她說：「『恩典』就是在毫不費力的狀態之下就能得到神聖的祝福。」而我這一生正是如此，我早就沐浴在這神聖的恩典之中，因為清楚的審視自己的生活與心性，明白外在所發生的一切是內心的創造，所有答案均在內在，我隨時觀察內心起伏與變化，誠實面對自己及他人，不做作、虛偽、假相，並保持平靜和快樂。

我是個平凡的鄉下孩子，父母沒受教育，母親不識字。生來本性天真正直，遇見多位優秀老師啟蒙教誨，一路都有貴人扶持、幫助、提攜，找到一份自己非常喜愛且能幫助別人的工作，而這工作能讓我不斷學習又能養家活口、生活無虞，這不是「恩典」，什麼是「恩典」？

完成這本書也是恩典，因為提早從職場退休，了結一樁心願，書名《活著像個孩子就好》，確實是我一生寫照。生活雖有苦、有煩惱、有不如意，讓自己用單純、天真、樂觀、正向、不傷害眾生的方式面對，一切都會過去，一切也都更美好！

感恩生命中所有的人、事、物

最後，還是要感恩我生命中所有發生的人、事、物，感恩所有幫助過我、我幫助過的人，感恩女兒 Cindy 從沒有抱怨我這不會做菜的媽媽，能照顧好自己，讓我安心無慮過日子，現在是她在照護我。

我生在窮困家庭，但一直不虞匱乏，因為我內在豐盛，如此而已。祝福大家安康、順心、如意，給大家深深一鞠躬！感謝！

立玲

立玲去英國遊學到 Devon kingswear 村莊，英國有許多歷史悠久的村莊。　圖／邱世球 畫

活著像個孩子就好

Live like a child

國家圖書館出版品預行編目資料

作　者：簡立玲 Lily Chien
出　版：簡立玲
電　話：886-2-28822082
電子信箱：lily.jen2@gmail.com
插畫作者：陳 純 純
封面設計：邱 世 球
印　刷：一好印刷事業有限公司
初　版：2020 年 7 月
ＩＳＢＮ：978-957-43-7405-2

定　價：350 元
發　行：小王子工作室
住　址：台中市豐原區西勢路 232 巷 37 號
電　話：886-4-25268723

國家圖書館出版品預行編目（CIP）資料

活著像個孩子就好 / 簡立玲作. -- 初版.
臺北市 : 簡立玲出版 ;
臺中市 : 小王子工作室發行,
2020.07
面 ; 公分
ISBN 978-957-43-7405-2(平裝)

1. 言論集

078　　109006514